Paul Friedrich Stälin

Geschichte der Stadt Calw

Paul Friedrich Stälin

Geschichte der Stadt Calw

ISBN/EAN: 9783743319356

Hergestellt in Europa, USA, Kanada, Australien, Japan

Cover: Foto ©ninafisch / pixelio.de

Paul Friedrich Stälin

Geschichte der Stadt Calw

Geschichte

der

Stadt Calw.

Von

Dr. Paul Friedrich Stälin,

Archivrat.

Nebst einem Lichtdruck der neuen Kirche.

Calw und Stuttgart 1888.

Verlag der Vereinsbuchhandlung.

Inhaltsübersicht.

Calw, dereinst das Kleinod, die Perle des Württemberger Landes, zuweilen selbst Klein-Venedig genannt, hat keine
großartige politische Geschichte. Allein in alten Zeiten hauste
auf der über der Stadt thronenden Burg ein mächtiges Geschlecht, dessen Glieder zum Teil selbst in die allgemeine deutsche
Geschichte kräftig eingriffen. In späteren Jahrhunderten hatte
der Name der Stadt für Kirche und Schule im Lande stets
einen guten Klang, vor allem war es aber der Gewerbfleiß
und Handelsgeist ihrer Bürger, welcher ihr weit über das Verhältnis der Einwohnerzahl hinaus eine Bedeutung verlieh, Calw
zur wichtigsten Fabrik- und Handelsstadt Württembergs, zu einer
der angesehensten Handelsstädte Schwabens überhaupt erhob, so
daß vielfach behauptet wurde, es sei mehr Geld in ihr als in
der Residenzstadt Stuttgart. Endlich haben nicht wenige Söhne
der Stadt dem Vaterlande in den verschiedensten Richtungen
geistigen Schaffens treffliche Dienste geleistet. So dürfte vielleicht jetzt, wo die Stadt nach Überwindung mancher ungünstigen
Verhältnisse wieder kräftiger emporzublühen beginnt und ihr ehr-
würdiges Gotteshaus in neuer stattlicher Gestalt erglänzt, ein
Rückblick auf ihre Vergangenheit insbesondere ihren Angehörigen
nicht unerwünscht sein, zumal da es an einer ausführlichen Geschichte derselben fehlt.

Das älteste geschichtliche Denkmal der Calwer Markung ist der Ringwall auf dem Rudelsberg, eine Verschanzung, welche wohl in die vorrömische Zeit hineinreicht und aus einer doppelten Umwallung besteht: dem inneren eirunden Ring im Umfang von 510 Meter, wovon noch 370 Meter gut erhalten sind, und einem an der zugänglichen Seite vorgelegten weiteren 200 Meter langen Walle.

In der römischen Zeit gehörte die Gegend zu Obergermanien und eine Spur ihrer Thätigkeit haben die Römer in derjenigen Straße hinterlassen, welche von Althengstett her als „Hagelweg" und „Weidensteige" zur Stadt, von ihr über die Flur „Häsel" nach Altburg führt, in die auf der Wasserscheide zwischen Enz und Nagold hinziehende „alte Weinstraße" ausmündet und insbesondere bei Alzenberg noch deutlich erhalten ist.

Nach der Vertreibung der Römer durch die Alamannen gelang es letzteren nicht für lange sich im ruhigen Besitz der Gegend zu erhalten, dieselbe gehörte vielmehr zu demjenigen alamannisch-schwäbischen Lande, welches nach dem Siege des fränkischen Königs Chlodwig im Jahr 496 oder wahrscheinlicher in den ersten Jahren des 6. Jahrhunderts den alamannischen Namen verlor und fränkisch wurde. Sie zählte nun zum fränkischen Würmgau, als dessen Bestandteil das so nahe gelegene Kloster Hirsau ausdrücklich aufgeführt wird. Doch kam sie in späterer Zeit infolge der Ausbreitung der württembergischen Herrschaft politisch wieder zu Schwaben und wurden auch der Volkscharakter und die Mundart vorherrschend schwäbisch.

Der Name Calw tritt uns im 11. Jahrhundert das erstemal entgegen und zwar im J. 1037 als Name der Burg eines der angesehensten fränkischen Grafengeschlecht. Er wird in frühester Zeit Kalewa (1037), Chalawa (1075), Calwa (1157) geschrieben und dürfte auf das althochdeutsche Stammwort chalo

(Genitiv chalawes) d. h. kahl, wovon chalawe (mittelhochdeutsch chelwin, kelle, chalwe) die kahle Stelle hieß, zurückzuführen sein.

Die ältesten Ahnen dieses Geschlechts,

der Grafen von Calw,

sollen Graf Erlafried, „ein edler Senator und Religiose" und sein Sohn Noting, Bischof von Vercelli, gewesen sein, der letztere die Gebeine des h. Aurelius vom Erzbischof von Mailand ohne Wissen der Bürgerschaft aus der Dionysiuskirche daselbst erhalten und im J. 830 (oder 832) in die Heimat herübergebracht haben, worauf beide das benachbarte Kloster Hirsau, eines der ältesten Klöster unseres Landes, gegründet haben. Allein diese Personen und ihre Beziehungen zu der Calwer Familie werden erst in, einige Jahrhunderte jüngeren Quellen erwähnt und sind somit geschichtlich nicht sicher beglaubigt. Auch für die nächsten Jahrhunderte, welchen Geschlechtsnamen immer noch fremd waren, ist es nicht möglich eine zuverlässige Stammreihe des Geschlechtes aufzustellen; da jedoch später der Name Adelbert als der gewöhnlichste Taufname in der Familie erscheint, so dürften vielleicht schon Graf Adelbert, welcher im J. 870 Güter zu Gültstein (OA. Herrenberg) gegen solche zu Zimmern im Elsenzgau von Kloster Lorsch ertauschte, sowie im 11. Jahrhundert die Grafen Adelbert des Zabergaues vom J. 1003, des Murrgaues vom J. 1009, des Uffgaues von den Jahren 1041 und 1046 ihr angehören, mögen sie auch keinen dies andeutenden Beinamen führen.

Erst als im 11. Jahrhundert die Geschichtsquellen für unsere Gegend ergiebiger zu fließen begannen denn bisher und gegen die Mitte desselben bei den gräflichen Geschlechtern die Sitte aufkam sich nach dem Hauptsitz ihrer Macht, ihren erblichen Burgen oder anderen Gütern, zu nennen, wird die Geschichte auch dieser Familie zusammenhängender und sicherer und so nannte sich zuerst nach der Burg Calw derjenige Graf Adelbert (I.), welcher im Öhringer Stiftungsbrief des Jahres 1037 zugleich mit dem Grafen Eberhard von Ingersheim, ohne Zweifel einem nahen Verwandten, vorkommt. Er war vielleicht der

Gemahl der Gräfin von Egisheim, Schwester Papst Leo's IX.
(1048—1054), welche in ihrer Ehe mit einem Calwer Grafen,
dessen Taufname nicht erwähnt wird, den in der Geschichte öfters
auftretenden Grafen Adelbert (II.) Azimbart oder Azzinbart
(? Azzo im Bart) † 1099 gebar. Ursprünglich wie seine Vorfahren kein Freund der Klöster hielt letzterer Graf im weiteren
Verlauf seines Lebens, vielleicht durch den genannten Papst,
welcher bei wiederholten Besuchen in der Heimat auch bei ihm
einsprach, für die kirchliche Richtung gewonnen, in den für unsere
Gegenden so verhängnisvollen Kämpfen zwischen Kaiser Heinrich
IV. und dem Gegenkönig Herzog Rudolf von Schwaben zu diesem
letzteren, wie er z. B. den Bischof Dietrich von Verdun, einen
getreuen Anhänger Heinrichs, gefangen nahm, als derselbe im
J. 1077 dem Kaiser nach Canossa nachfolgen wollte. Ja er
erwarb sich durch Gründung oder Neubegründung kirchlicher Anstalten einen dauernden Namen. Mit seiner Gemahlin Wiltrud,
(Wilcha, † 1093), Tochter Herzog Gottfrieds des Bärtigen von
Lothringen, gründete er zu Sindelfingen — das Jahr ist nicht
mit Zuverlässigkeit überliefert — ein Benediktiner-Manns- und
Frauenkloster, versetzte die Mönche übrigens bald nach Hirsau
und baute an der Stelle seiner Sindelfinger Burg ein Chor-
herrnstift, dessen Kirche im J. 1083 dem h. Martin geweiht
und mit dessen Mitteln hauptsächlich später die Universität Tübingen bewidmet wurde. Weiterhin baute er auf eindringliche
Ermahnung seines Oheims, sowie seiner Gemahlin in den Jahren
1059—1071 die Aureliuskirche zu Hirsau mit zugehörigem Kloster und verschrieb im J. 1065 dahin einen Abt und Mönche
aus Einsiedeln. Nicht ohne seine kräftige Mitwirkung geschah
es, daß im J. 1069 der Mönch Wilhelm (der Selige) aus dem
Kloster St. Emmeram berufen und im J. 1071 feierlich zum
Abte geweiht wurde, jener berühmte Vorkämpfer für die Reformation des Klosterwesens und der Befreiung der Kirche vom
weltlichen Einfluß, der begeisterte, thatkräftige Anhänger Papst
Gregors VII. bei dessen Kampfe mit Heinrich IV. Das gräfliche Ehepaar verbrachte die letzten Jahre seines Lebens in einem
Hause, das Adelbert sich bei der Sindelfinger Stiftskirche erbaut

hatte, fand aber seinem Wunsche gemäß in Hirsau, wo der Graf schließlich selbst das Mönchsgewand angenommen hatte, ein ehrenvolles Begräbnis. — Da der Bruder seines Schwiegervaters als Stephan X. in den Jahren 1057—1058 auf dem päpstlichen Stuhle saß, stand der Graf somit zu zwei Päpsten in naher Beziehung.

Von den Söhnen Graf Adelberts II. wurde Bruno von Kaiser Heinrich IV. im J. 1088 zum Bischof von Metz in Lothringen, dem Lande seines mütterlichen Großvaters, eingesetzt, jedoch schon im J. 1089 wieder vertrieben. Da der zweite Sohn, Graf Adelbert III., im J. 1094 vor seinem Vater starb, vererbte sich nach des letzteren Tode fast alle Hausmacht auf den jüngsten Sohn Gottfried, welcher, den Höhepunkt des Hauses bildend, eine hervorragende Rolle in der Geschichte Deutschlands gespielt hat. Er war im Rate und im Kampfe einer der angesehensten und treuesten, am meisten mit Aufträgen bedachten Genossen Kaiser Heinrichs V., wurde aber auch, nach Vermehrung seiner eigenen Macht und seines Besitzes strebend, von seinem Gönner im J. 1113 mit der Würde eines lothringischen (d. h. zugleich auch fränkischen) oder wie sich der Name in der Folge gestaltete, eines rheinischen Pfalzgrafen bedacht. Er beschwor namentlich am 9. Februar 1111 zu Sutri den Vertrag zwischen Heinrich und Papst Paschalis II., wurde, als Heinrich im J. 1116 nach Italien zog, zugleich mit Herzog Friedrich II. von Schwaben als Reichsverweser bestellt und für seine Thätigkeit zu Gunsten Heinrichs auf der Kölner Synode vom 19. Mai 1118 vom Kardinalbischof Kuno von Palestrina gebannt. Als der Kaiser im September 1122 zu Worms das berühmte Konkordat mit Papst Kalixtus II. abschloß, erscheint er unter den wenigen weltlichen Zeugen des Vertrages. Nach Heinrichs Tode (1125) war er einer der Fürsten, welche das Einladungsschreiben zur neuen Königswahl ergehen ließen, das den Sachsenherzog Lothar auf den deutschen Thron erheben sollte, und befand sich in der Folge auch nicht selten in des letzteren Umgebung.

Da Gottfried das Unglück hatte, den einzigen Sohn aus seiner Ehe mit Luitgard (?), Tochter Herzog Bertholds II. von

Zähringen, Gottfried, vor sich ins Grab sinken zu sehen, und seine Tochter Luitgard nicht standesgemäß verheiratet war, hinterließ er bei seinem Tode im Beginn der 30er Jahre des 12. Jahrhunderts (6. Februar, wahrscheinlich 1133) nur eine erbfähige Tochter Uta, welche, wohl kurz zuvor, den Herzog Welf VI. geheiratet hatte. Zwischen diesem erwerbslustigen Herrn, der im J. 1191 den Stamm der schwäbischen Welfen beschließen sollte, und einem Neffen Gottfrieds, Graf Adelberts III. Sohn, Graf Adelbert IV., der schon zuvor gegen seinen Oheim hatte zurückstehen müssen und sich daher zunächst nach der Burg Löwenstein nannte, kam es jedoch, wohl im J. 1133, zu einem heftigen Streite über das gottfriedische Erbe. Adelbert bemächtigte sich der Burg Calw durch List, überfiel bei Nacht die Burg Sindelfingen, brannte den Ort dabei nieder und führte reiche Beute nach seiner Burg Wartenberg (bei Cannstatt). Welf dagegen eroberte dank seinen trefflichen Kriegsmaschinen sowohl letztere Burg, ehe die staufischen Brüder zu Adelberts Hilfe erschienen, als auch die für unbezwinglich gehaltene Feste Löwenstein und legte beide in Asche. Da er sich nun gegen Calw wandte, hielt es Graf Adelbert für rätlich, sich ihm auf Gnade oder Ungnade zu ergeben, erhielt jedoch von dem großmütigen Sieger, wie berichtet wird, die Burg Calw und einige andere Besitzungen zu Lehen. Auch der mütterliche Oheim Utas, Herzog Konrad von Zähringen, erhob Erbansprüche und wandte sich gegen die zu ihrem Besitze gehörige Feste Schauenburg (bei Oberkirch in Baden), welche er eine Zeit lang belagerte. Doch blieb dieselbe in Utas Besitz. Ihre Ehe war übrigens keine glückliche; sie lebte meist getrennt von ihrem Mann und wohnte wohl viel auf der Schauenburg, nach welcher sie sich Herzogin von Schauenburg nannte und in deren Nähe sie im J. 1196 das Prämonstratenserkloster Allerheiligen gründete.

Graf Adelbert IV. führte in der Folge auch den Namen eines Grafen von Calw und stand dem ersten deutschen Könige aus dem staufischen Hause, Konrad III., bei wichtigen Unternehmungen, namentlich beim Kampfe um Weinsberg im J. 1140, zur Seite. Von seinen Söhnen, deren Wirksamkeit der

zweiten Hälfte des 12. Jahrhunderts angehört, wurden Graf
Adelbert V. und vielleicht auch Konrad Begründer der Calwer,
Graf Berthold der Löwensteiner Linie, beteiligten sich vielleicht
Adelbert und Konrad — es werden zwei Brüder von Calw
genannt — an der Tübinger Fehde des Jahres 1164. Im
Calwer Zweige erscheint als Adelberts V. Sohn Graf Adelbert
VI., welcher im Gefolge König Philipps auftritt und von den
Hirsauer Mönchen arger Gewaltthaten gegen ihr Kloster be-
züchtigt wird. Dieser Zweig erlosch bereits ums Jahr 1260
mit einem Grafen Gottfried, welcher nicht ganz sicher in den
Stammbaum des Geschlechtes eingereiht werden kann. Auf ihn
bezieht sich vielleicht das Klaglied des Minnesängers von Buchheim:

> O we der grozen suaere!
> Der biderbe Kalwaere
> Ist ze vrüe tot,
> Des lip nach hohen ehren streit,
> Er was ein helt
> Gar us erwelt
> Vil manhaft unt werliche;
> Sin tot is mir ze schaden bekant:
> Lebte der tugentriche,
> Die Herren muesten deste tiurre sin in Swaben lant.

Er vererbte den sehr geschmolzenen Güterbesitz der Familie
auf seine dem Namen nach nicht bekannte Töchter, von denen
die eine in erster Ehe mit Graf Rudolf IV. von Tübingen-
Böblingen († 1271 oder 1272), in zweiter mit Graf Ulrich
von Schelklingen, die andere, welche sich Gräfin von Zavelstein
nannte, mit Graf Simon von Zweibrücken, Herrn von Eberstein,
vermählt war.

Zu der von Graf Berthold ausgehenden Löwensteiner Linie,
in einzelnen Gliedern wohl auch von Wolfsölden und Beilstein
(beide OA. Marbach) genannt, gehörte Graf Gottfried, ohne
Zweifel Teilnehmer an der Empörung K. Heinrichs (VII.).
Sie erlosch im Mannsstamm gegen Ende des 13. Jahrhunderts
mit den mutmaßlichen Urenkeln Bertholds, von welchen Graf

Gottfried im J. 1277 seine Burgen Löwenstein und Wolfsölden an Würzburg verkaufte.

Auf nicht nachweisbare Weise wurde Graf Gottfried von Calw, Bruder oder Geschwisterkind Adelberts VI., Rechtsnach= folger der im 12. Jahrhundert genannten Grafen Egino von Vaihingen und so der Begründer einer weiteren Linie des Calwer Hauses, der Vaihinger. Am Ende des 12. und im Anfang des 13. Jahrhunderts lebend, fand er sich auch am Hofe, beziehungsweise im Heerlager Kaiser Heinrichs VI. und seines Bruders Philipp, Herzogs von Tuscien, späteren deutschen Königs, ein. Graf Konrad von Vaihingen starb 1234 im Heere Kaiser Friedrichs II. in Italien in einem Treffen gegen die Römer den Heldentod. Diese Linie erlosch nach der Mitte des 14. Jahrhunderts.

Die alten Gaue, in welchen die Familie, meistens wohl in längerer Erbfolge, wie mehr oder weniger sicher anzunehmen, das Grafenamt verwaltete, waren die fränkischen des Murr=, Glems=, Würm=, Enz=, Zaber=, Gardach=, Schozachgaues, wozu von schwäbischen Gauen, kurz im Besitz der Hauptlinie, wohl die Glehuntare (um Böblingen) kam. Über den größten Teil dieser Gaue erstreckte sich allem nach ein reicher, eine große Menge von Ministerialen und sonstigen ritterlichen Dienstleuten zählender Grundbesitz des Geschlechtes, wie ihm insbesondere die Burgen Calw, Zavelstein, Vaihingen, Enzberg, Löwenstein, Wolfsölden, wahrscheinlich Asperg, Beilstein, Weinsperg gehörten. Dazu kamen, übrigens nicht bis zum Aussterben der Familie, die Schutzvogtei über ihre Stiftungen Hirsau samt dessen Priorat Reichenbach, Sindelfingen, sowie zeitweise über das Kloster Lorsch und die von diesem Kloster übertragenen sieben Voll=Lehen, die vom Hochstift Speier überlassene Vogtei über Bruchsal u. a. Unter den Orten, wo Glieder des Geschlechts ihr Grafengericht hielten, ist der bekannteste Ingersheim im alten Murrgau (OA. Besigheim), wonach im 10. und 11. Jahrhundert eine seiner Grafschaften hieß.

Eine Grafschaft Calw im neueren Sinne des Wortes, wo= nach dieselbe das unter der Landeshoheit der Grafen von Calw vereinigte Land umfaßt hätte, hat es übrigens nie gegeben, weil die gräfliche Familie erlosch, ehe sich solche Grafschaften bildeten.

Das Wappen der Grafen von Calw, welches auch die Löwensteiner und Vaihinger Nebenlinien beibehielten, ist ein auf drei (auch vier) Bergspitzen stehender gekrönter Löwe (in der Calwer Linie wenigstens rot in Gold).

Bei der Bedeutung des Geschlechtes ist es nicht auffallend, daß Sage und Dichtung es mannigfach verherrlicht haben, und es mögen wenigstens die wichtigsten ihrer Schöpfungen hier genannt werden. So hat nach einer erst im 16. Jahrhundert auftauchenden Mythe Helizena, eine reiche Witwe vom Stamme der Edelknechte (!) von Calw, unter Mitwirkung ihrer Verwandten und der Stadt Calw im J. 645 das Kloster Hirsau gegründet. — Graf Anselm von Calw soll im 11. Jahrhundert (1050) eine seltsame Jahrtagsfeier auf dem Wurmlinger Berg bei Rottenburg gestiftet haben, auf welchem er auch seine Ruhestätte gefunden, während die Nachrichten über dieses Fest, welches bis in die Zeit der Reformation bestand und noch bis in die neuere Zeit in der katholisch gebliebenen Umgegend Rottenburgs einen Nachklang fand, viel jünger sind und der, der Calwer Familie sonst fremde Name Anselm jedenfalls eher auf einen Ahnherrn der benachbarten Tübinger Pfalzgrafen hinweist. — Der große Kaiser Heinrich III. († 1056), welcher das deutsche Reich zu einer Machthöhe erhob, die es weder vor noch nach ihm erreicht hat, soll nach einer verbreiteten Sage des 12. Jahrhunderts, welche stofflich auf den Orient zurückführt, als Sohn eines Grafen Lupold (von Calw) in einer Hütte oder Mühle bei Hirsau geboren worden sein: Kaiser Konrad II., welcher bei seiner Geburt zufällig in der Nähe jagte, hört dreimal einen Ruf des Inhalts, dieses Kind werde sein Tochtermann und Erbe werden. Nachdem sein Befehl, es alsbald zu töten, nicht befolgt worden, schickt er später das zum Jüngling herangewachsene Kind an seine Gemahlin, daß sie es töten lassen solle. Unterwegs öffnet, während er schläft, ein Priester den Brief und setzt statt des Befehls den anderen ein, daß dem Jüngling des Kaisers Tochter zur Gemahlin gegeben werden

solle, was denn auch wirklich geschehen. — Der Schutzpatron
des Illerthals, der h. Willibold † 1230, wird als ein Graf von
Calw ausgegeben. — In verschiedenen Gestalten, auch in dra-
matischer Behandlung, tritt uns die Sage von dem geschichtlich
gänzlich unverbürgten Grafen Hubert (Uobert, Obert) von Calw
entgegen. Um nicht in Wohlleben aufzugehen und die Armut
zu kosten, verließ er Haus und Gemahlin, zog schlechte Gewänder
an und wurde in Deißlingen (OA. Rottweil) Kuhhirt. Ungekannt
einst nach Calw zurückgekehrt, traf er gerade zum Beilager seiner
Gemahlin mit einem andern ein, warf ihr seinen Trauring
in den Becher und zog ganz still nach Deißlingen zurück, wo er
nochmals Hirt wurde. Erst vor seinem Ende entdeckte er den
Dorfbewohnern seinen Stand und verlangte, sie sollen ihn nach
seinem Tode durch Ochsen hinausführen lassen und wo diese still-
stehen würden, begraben, auch daselbst eine Kirche bauen. Dies
sei hernach geschehen und die Kirche (deren Namen allerdings
später in Albertskirche verwandelt wurde), ihm zu Ehren genannt worden. Zu der Kirche seien Wallfahrten angestellt, zu
des Grafen Gedächtnis Messen gelesen worden und jeder Calwer
Bürger, der vorbeigekommen sei, habe das Recht gehabt, an die
Thüre zu klopfen. Nach einer etwas anderen Wendung der
Sage entfernte sich der Graf schon ursprünglich wegen der Untreue seiner Gemahlin aus der Heimat, vermachte später die
Kleinodien, die er bei sich hatte, zum Bau der Deißlinger
Kirche und verordnete, daß, so oft ein Calwer des Wegs ziehe,
die Glocke des Kirchleins geläutet werden solle. Dies soll auch,
so oft die Calwer auf die Zurzacher Messe gereist und durch
Deißlingen gekommen, bis ungefähr 10 Jahre vor dem Über-
gang des Dorfes an Württemberg geschehen sein.

Aber auch die wissenschaftliche Forschung hat sich namentlich in neuerer Zeit vielfach der Geschichte, insbesondere der
Vorgeschichte des Geschlechts, zugewandt; so ist ihm schon im
Beginn des 11. Jahrhunderts die Grafschaft im Ober-Rheingau
und die Vogtei über Kloster Lorsch zugewiesen worden, sind die
Gründer des Stifts Öhringen, namentlich Bischof Gebhard
von Regensburg, zu ihm gerechnet, die Grafen von Lauffen

(OA. Besigheim) von ihm abgeleitet und die ältesten Grafen
von Stauffenberg und Eberstein (im Murgthal), sowie von
Forchheim (bad. BA. Ettlingen), als Brüder Graf Adelberts II.
aufgefaßt worden; allein jene Annahmen sind doch bloße Ver-
mutungen und mag gleich ein Zusammenhang des calwischen
und ebersteinischen Hauses von einem bekannten Schriftsteller des
13. Jahrhunderts, Albert von Behaim, berichtet werden, so ist
doch die Stammesgemeinschaft dieser beiden Häuser unwahr-
scheinlich. Endlich werden auch, von anderen abgesehen, Bischof
Gebhard von Eichstädt 1042—1054, als Viktor II. 1054—1057
Papst, und Bischof Erlung von Würzburg 1106—1121 wohl
mit Unrecht diesem Geschlechte zugezählt.

Noch im 16. Jahrhunderte war das gräfliche Schloß,
übrigens wohl mannigfach umgebaut, erhalten, mochte gleich schon
um die Mitte dieses Jahrhunderts geklagt werden, daß es ziemlich
in Abgang sei und insbesondere Mangel an Stiegen herrsche;
es lag außerhalb der Stadtmauer, hatte 3 Türme und war
durch seine tiefen Gefängnisse, darunter ein besonders schauer-
liches, den runden sogenannten Kesselturm, in welchem der Ge-
fangene keinen Platz zum liegen hatte, bekannt. Stadt und
Amt Calw mußten zwei Wächter dort halten und es beholzen.
Da es 1604 ganz zum „Burgstall" geworden war, ließ es Herzog
Friedrich von Württemberg abbrechen, um ein neues nach den
Plänen seines berühmten Baumeisters Heinrich Schickhardt an
seiner Stelle aufzuführen. Am 22. März 1606 wurde in
Gegenwart des Herzogs unter Verabreichung „eines guten
Trunks" an die Arbeiter der erste Stein zum Neubau gelegt.
Er sollte ein Rechteck bilden, welches einen Hofraum von 221
Schuh Länge und 124 Schuh Breite umschloß, aus drei Stock-
werken bestehen und auf den 4 Ecken mit starken Türmen versehen werden; die der Nagold zugekehrte Langseite sollte 305,
die Schmalseite 208 Schuh haben; im untersten Stockwerke
sollte eine Türnitz von 100 Schuh Länge und $34\frac{1}{2}$ Schuh
Breite erstellt werden. Als die Grundmauern erbaut waren,
starb der Herzog und unterblieb der Weiterbau. Eine Wohnung, welche im ruinenhaften Mauerwerk noch stehen geblieben

ober neu hergestellt worden war, hatte wenigstens in der Mitte
des 17. Jahrhunderts ein Wächter inne. Die letzten Reste dieser
Bauten sind längst verschwunden und nur noch eine etwa 12
Meter lange und teilweise über 5 Meter hohe, an den Bergabhang
hingebaute Strebemauer erinnert an den Burgsitz des einst mäch=
tigen Grafengeschlechts. Schon lange Zeit stand an Stelle der
Burg ein einfaches Haus, in welchem schließlich Strickerei und
Tuchmacherei betrieben wurde. Von dem letzten Besitzer, Kauf=
mann Fr. Klinger, ging es im J. 1878 mit dem größten Teil
des Schloßareals in den Besitz der Militärverwaltung über, welche
das heute die Bergkuppe zierende in buntem Sandstein massiv
aufgeführte Dienstgebäude für das hiesige Landwehrbezirkskom=
mando erbaute.

Außer dem Grafenhause nannte sich ein Rittergeschlecht
desselben, vielleicht auch Angehörige verschiedener solcher Ge=
schlechter vom 12. bis in Anfang des 14. Jahrhunderts nach
der Burg. Es gehören hierher: Reginher, welcher uns J.
1130 einen Gütertausch mit Kloster Hirsau vornahm, Reginhart
(vielleicht dieselbe Person) samt seinen Söhnen Konrad und
Eberhard um 1150 Wohlthäter des genannten Klosters. In
den letzten Jahrzehnten des 13. Jahrhunderts, 1275 ff. bis um
1290, erscheint ein Albert von Calw, in den Jahren 1282 bis
1300 ein anderer Albert von Calw als Mitglied des Gerichts
im benachbarten Weil, 1278 ff. öfters in markgräflich badischen
und pfalzgräflich tübingischen Urkunden ein Reinhard von Calw,
1293 ein Rüdiger von Calw, 1303 ein Konrad von Calw, in
den JJ. 1315—1339 der Edelknecht Reinhard von Calw zu
Pfäffingen (OA. Herrenberg), Sohn Konrads sel. von Calw,
welcher sich auf seinem Siegel Reinhard von Calw, im gewöhn=
lichen Leben Reinhard von Pfäffingen nannte, im J. 1321 die
Gebrüder Konrad und Gottfried von Calw, Söhne Konrads von
Calw. Da die vier letztgenannten Herren ein dem Wappen der
Herren von Liebenzell gleiches: zwei von einander abgekehrte
Schlüssel, führten, dürften sie zu dieser Familie in verwandtschaft=
licher Beziehung gestanden haben.

Erwerb der Stadt durch die Grafen von Württemberg und Beziehungen derselben zum Regentenhause.

Von den Erben des letzten Calwer Grafen kam zwar einiger Besitz in der Calwer Gegend, so z. B. zu Althengstett, auch an das gräflich zweibrückische Haus, Calw selbst jedoch, welches seine Entstehung wohl der Ansiedelung gräflicher Dienstleute und sonstiger Höriger unterhalb der Burg verdankte, mit der letzteren durch die ältere der zwei Erbtöchter an die Familien ihrer beiden Ehegatten, die Pfalzgrafen von Tübingen und Grafen von Berg. Die Hälfte der letzteren Familie übergaben bereits am 19. März 1308 Graf Ulrichs Söhne, Ulrich, Heinrich und Konrad Grafen von Berg genannt von Schelklingen „durch Liebe und Freundschaft" an Graf Eberhard den Erlauchten von Württemberg. Den Tübinger Anteil an Burg und Stadt trug des Grafen Rudolf Sohn, Gottfried, am 13. Mai 1302 dem Könige Albrecht I. zu Lehen auf, wodurch übrigens, da der König bereits im J. 1308 starb, keine dauernde Lehensabhängigkeit begründet wurde. Allein bald wurde die Stadt in die bittern Geldverlegenheiten des Grafen verwickelt: im J. 1302 wies er 250 Pfd. Heller, auch 35 Mark von der Steuer und seinem sonstigen Jahreseinkommen dahier an Zahlungsstatt dem Kloster Bebenhausen zu und im J. 1311 leistete Calw bei der Reichsstadt Eßlingen für ihn Bürgschaft. Sein jüngerer Sohn, Graf Heinrich, an welchen es in der Folge kam, verschrieb am 22. Juni 1327 Hellerzinse wie von sonstigem Besitze, so von der Walkmühle und der Burg Calw an Kloster Hirsau, allein den 30. Dezember 1345 verkaufte dessen Neffe, Graf Wilhelm von Tübingen, an die württembergischen Grafen Eberhard den Greiner und Ulrich auch diesen tübingischen Anteil, Burg und Stadt, seine Feste, Eigen und Lehen mit allen Rechten und Zugehörden, um 7000 Pfd. Heller.

Zwar verpfändeten diese Grafen schon am 6. März 1349

Burg und Stadt für 6900 Pfd. Heller an Abt Wighard und Convent von Hirsau, allein diese Verpfändung war ebenso vorübergehend wie eine spätere an Ritter Konrad von Stammheim, welche im J. 1410 wieder gelöst wurde. Auch noch später gingen die württembergische Vormundschaft im J. 1423 und Graf Ludwig I. im J. 1447 die Stadt um Bürgschaft, Graf Eberhard im Bart im J. 1470 um Mitbesiegelung bei einer Verschreibung wegen des Heiratguts seiner an den Grafen Johann von Nassau verehelichten Schwester Elisabeth an, allein sie blieb doch stets ein Bestandteil der Grafschaft, beziehungsweise des Herzogtums und Königreichs Württemberg, wie denn „die Grafschaft Calw mit der Stadt Calw, dem Wildbad, Zavelstein, Dörfern, Weilern und Zugehörden" im J. 1420 unter den Reichslehen der Grafen Ludwig und Ulrich aufgeführt wird.

Von Beziehungen der Stadt zum Regentenhause können erwähnt werden: die Geschenke, welche dieselbe Eberhard im Bart aus Anlaß der glücklichen Rückkehr von seiner Pilgerfahrt ins gelobte Land (1468), seiner Vermählung (1474), seiner Erhebung zum Herzog (1495) überreichte; sie bestanden in silbernen, bezw. vergoldeten Bechern und wurden zum Teil in Verbindung mit dem Amte und mit Zavelstein gegeben; das Geschenk eines Trinkgeschirrs mit dem Calwer Löwen, welches die Stadt Herzog Eberhard III. aus Anlaß der Rückkehr vom Regensburger Reichstag des Jahrs 1653 verehrte und welches sie um 100 Reichsthaler in Augsburg hatte anfertigen lassen; die Hochzeitsgeschenke von Stadt und Amt für den späteren König Wilhelm in den Jahren 1808 und 1816, je 100 Dukaten, welche übrigens zur Unterstützung bedürftiger Einwohner zurückgegeben wurden. Auf die Huldigung für Herzog Karl Alexander im J. 1733 ließ die Stadt eine Medaille in Gold und Silber prägen: auf der Vorderseite das Brustbild des Herzogs und die Umschrift: Carolus Alexander Dei gratia dux Wirtenbergae, auf der Rückseite einen über 3 Hügeln vor einer Krone knieenden Löwen und die Umschrift: Fidelis et obsequiosa Calva.*)

---

*) Dieser Münze ließ sie im J. 1817 eine Silbermünze auf das 3. Reformationsjubiläum folgen, welche Luthers Brustbild zeigt.

Länger oder kürzer haben, soweit wenigstens bekannt, in den letzten Jahrhunderten von württembergischen Herrschern hier verweilt: Herzog Christoph unmittelbar vor dem Antritt seiner Regierung (s. u.); Herzog Eberhard III. im Okt. 1663 und Mai 1668 zu Musterungszwecken; Herzog Ludwig Eugen im Mai 1794 aus gleichem Grunde; König Friedrich im Juli 1801 und August 1810 beim Besuche Teinachs; König Wilhelm im August 1840, im Juli 1849 (s. u.), im Juni 1857, im Juni 1862, meist auf der Durchreise beim Besuche des Wildbads; der jetzige König noch als Kronprinz mit Gemahlin im Juni 1851 gelegentlich des Aufenthalts im Bad Liebenzell, wobei sie namentlich die Fabriken von Schill und Wagner, Dörtenbach und Schauber, Stälin und Söhne, besuchten, sowie nach der Thronbesteigung am 3. Novbr. 1865, am 29. März 1867, am 17. Juni 1872, unmittelbar vor Eröffnung der Eisenbahn Weilderstadt-Calw-Nagold, bei welchem Anlaß er die Nikolauskapelle, das Georgenäum und wieder mehrere Fabriken besuchte.*)

---

*) Auch der jetzige deutsche Kaiser kam am 2. Oktober 1856 in Begleitung seines Bruders, Königs Friedrich Wilhelm IV. von Preußen, auf der Reise von Karlsruhe nach Hohenzollern durch die Stadt, nachdem schon einer seiner Ahnen, Markgraf Friedrich von Brandenburg-Ansbach, aus Anlaß eines Kuraufenthaltes zu Wildbad im J. 1498 hierselbst den Gesandten, die der Böhmenkönig Ladislaus V. wegen Bedrängung durch die Türken an ihn abordnete, eine Audienz gewährt hatte.

Zur Geschichte der Entwickelung der Stadt, des Ganges ihrer Bevölkerung, ihrer Verfassung und Verwaltung, ihres Rechts und Gerichts.

Stadtrecht besaß Calw jedenfalls schon um die Mitte des 13. Jahrhunderts. Im Jahr 1256 wird das erstemal ein hiesiger Schultheiß genannt, welcher später zugleich mit dem Bürgermeister und dem Gericht an der Spitze der Gemeinde stand. Wie anderwärts kam aber auch hier der Schultheiß im Verlauf der Zeit (nach der Mitte des 15. Jahrhunderts) in Wegfall und bildete der Bürgermeister mit dem Gericht und für die Verwaltung dazu noch dem Rat (einschließlich des ersteren zu je 12 Personen) den Magistrat der Stadt. In der Folge erscheinen hier, wie auch sonst in der Regel in den Städten, zwei Bürgermeister, welche alle 2 Jahre gewählt wurden. Der eine war der Amtsbürgermeister, der andere der gemeine Bürgermeister, welcher die Aufsicht über die Straßen, Gemeindeäcker und das Inventar führte.

Eines Siegels bediente sich die Stadt, soweit bekannt, seit dem J. 1277; es zeigt den auf 4 Bergspitzen stehenden gekrönten Löwen und die Umschrift: SIGILLVM · CIVITATIS · IN · CALWE. Später, so im J. 1535, erscheint der Löwe, dessen Schweif in neuerer Zeit meistens gespalten dargestellt wird, rot mit blauer Zunge und Krone, die 3, bisweilen 4 Bergspitzen blau, der Schild golden; auf dem Helm derselbe Löwe, Helmdecken rot und gold.

Die sicherlich schon ältere Ummauerung der Stadt wird mit der oberen Vorstadt und den meisten der alsbald zu nennenden Thore bereits im J. 1461 erwähnt und hat sich bis ans Ende des vorigen Jahrhunderts erhalten. Ursprünglich 1,5—1,8 Meter dick hatte die an vielen Stellen auch noch heutzutage sichtbare, mit Zwingern versehene Stadtmauer einen sogenannten Umgang und lief von dem an der Nagold gelegenen Schlachthaus bis zum äußeren Thor und von da bis zum ehemaligen Pulverturm; hier eine Ecke bildend führte sie zum Salzthörle, weiter zum Schulthörle und von da hinter der Kirche an dem Zwinger hinauf bis an die nordwestliche Ecke unfern des oberen Thores; daselbst brach sie sich stumpfwinklig, zog zu dem oberen Thor, weiter einen steilen Abhang hinunter zu dem unteren Thor und von da bis zur nördlichen Ecke der Stadt, von der sie dem linken Ufer der, die Stadt hier auch natürlich schützenden Nagold entlang wieder bis zum Schlachthaus hinführte. Durchbrochen war die Mauer durch 3 Hauptthore, welche mit starken Türmen versehen waren: das äußere, Schaufel= (Scheifel=) auch Säu=Thor genannt an der Südseite, zwischen der oberen Brücke und dem Markt, beim Sattler Bauer'schen Haus, das untere oder Hirsauer, bei welchem die untere Brücke zur Marienkapelle, dem Gottes= acker und dem Siechenhaus, und das obere oder Altburger Thor an der nordwestlichen Seite, durch welches die Straße nach Wild= bad führte. Dazu kamen noch das Salzthörle, durch welches der Weg nach Zavelstein ging, das Schulthörle, zwischen beiden Schul= häusern, das Turmthörle am Diebsturm und das Gerberthörle zwischen der oberen Brücke und dem Weinsteg. Die Thore wurden meist im Anfang dieses Jahrhunderts, das Salzthörle erst 1839 abgebrochen. Von den Türmen, welche an der Stadt= mauer standen, hat sich nur der Diebsturm noch erhalten, wäh= rend die Thortürme und der Pulverturm verschwunden sind; anfangs der 50er Jahre wurde der Turm bei den Gerberstegen, der als Oberamtsgefängnis gedient hatte und noch mit einem Verließ versehen war, abgetragen. Außerhalb der Mauern lagen die bereits genannte obere Vorstadt, sodann jedenfalls schon im 16. Jahrhundert die untere Vorstadt bei der unteren Brücke und rechts von der Nagold, mit der Altstadt durch die obere Brücke verbunden, die äußere Vorstadt mit dem aus 2 Gebäuden bestehenden Spital; sodann bildeten schon damals einige neue Häuser vor dem Bischofsthor stromabwärts von der äußeren Vor= stadt den Anfang einer neuen Vorstadt. Auch der rechts vom Fluß gelegene Stadtteil hatte gegen außen teilweise Mauern, welche an manchen Stellen noch sichtbar sind, sodann außer dem Bischofsthor, welches wahrscheinlich in der Nähe des Chr. Ludw. Wagner'schen Hauses gelegen, aber, wie es scheint, schon ziemlich frühe wieder abgegangen war, noch 2 Thore: das Ziegelthor bei dem Kappler'schen Hause, durch welches die Straße nach Stammheim und Herrenberg, und das Hengstetter Thor bei dem nunmehr abgebrochenen alten Schafhaus, durch welches der Weg nach Hengstett, Weilderstadt und Stuttgart führte.

Genannt werden: eine Haitergasse, die Brühlwiese*), ein Steinhaus im J. 1329, die Ledergasse, die Hagbrunnengasse, die untere Gasse, der Bischof mit dem Bischofsthor, eine neue Bad-stube, die Salz-, Metzger-, Brodbänke (letztere am Markt), eine Schule, mehrere Steinhäuser im J. 1461, eine Badstube in der Ledergasse und eine äußere Badstube 1590, die Haggasse, die Nonnengasse, das äußere Bad und das äußere Badthor im J. 1603. Die Steinhäuser neben dem Rathaus und im Bischof dürften jedenfalls in die Zeit vor 1694 fallen, während das Steinhaus in der Vorstadt von letzterem Jahr herrührt.

Noch im J. 1397 wird ein „Weiler unter der Burg" er-wähnt, welcher in späterer Zeit ohne Zweifel in der unteren Vorstadt aufging.

Wohl mit der Stadt kam an Württemberg der Hof Wim-berg, woselbst die Herrschaft in den Jahren 1417 und 1419 den Herren von Waldeck Gülten abkaufte. In der Folge, so im J. 1590 und nach dem Landbuch von 1624, erscheint er als Erblehen der Stadt, welche einen Lehensträger stellte, Hauptfall und Handlohn gab. Heutzutage ist er freies Eigentum der Stadt.

In älterer Zeit, z. B. im J. 1461, 1590, zahlte die Stadt als Steuer 231 Pfd. Heller der Herrschaft, 2 Pfd. dem Amt-mann, welcher auch am Kirchweihmarkt von Jedermann, der Zoll

---

*) Brühl, franz. breuil, ital. broilo, broglio, althochdeutsch brogil, bruohil, mittelhochdeutsch bruogel, bruohel, bruehel, brüwel, eine nicht selten vorkommende Ortsbezeichnung, schwankt hinsichtlich seiner Bedeutung zwischen Wald, Buschwerk, Wiese; in Oberschwaben versteht man da-runter Wässerwiesen.

und Standgeld entrichtete, 1 Pfennig (Vogtspfennig) erhob, 1
Pfd. dem Büttel. Das Umgeld betrug etwa 220 Pfd., der Zoll
etwa 40 Pfd. und 2 Schuben Salz. An jährlichen Renten,
Gülten und Zinsen nahm die Herrschaft ein: von Erschätzen
7 Pfd. 16 Schill., von Mühlen 21 Pfd., Zinsen von Hofstätten
u. s. w. 35 Pfd. 11½ Heller, von Mühlen je 65 Malter
Kernen und Roggen, Fastnachthennen 3, junge Hühner 88,
Eier 300 u. s. w.

Die Einwohnerzahl betrug z. B. im J. 1622 2545, im
im J. 1634 3892, nach den schweren Nöten dieses Unglücks-
jahres im J. 1639 nur 1920, im J. 1645 1994, im J. 1652
2093, im J. 1733 2914 Seelen in 654 Haushaltungen (darunter 2188 Kommunikanten, 531 Bürger, 31 Beisitzer, 92 Wit-
frauen, 349 Katechumenen, 342 Kinder, 8 in Diensten befindliche
Katholiken, 13 Calvinisten, 7 Separatisten); im J. 1782 3423,
im J. 1794 3544, im J. 1832 4210, im J. 1850 4218, im
J. 1864 4397, im J. 1880 4662, im J. 1885 4632 Seelen.
Hiesige Leibeigene werden z. B. im J. 1511 urkundlich genannt,
solche hatten im J. 1590 namentlich von 100 fl. 1 fl. Haupt-
recht und dem Hühnervogt ⅛, Frauen ½ fl. und dieses Achtel
zu bezahlen. Von bedeutenden Auswanderungen ist eine solche
von 24 Personen im Mai 1804 nach Podolien zu nennen.

Von Calwer Familiennamen kommen in älterer Zeit z. B.
vor: Messerschmid, Mörlin, Trautwein (1277), Diem, Salzmann,
Teufel, Vehinger, Waldhauser (1302), Balbwin, Dettinger,
Kienas, Rust, Stanthart oder Stankhart, Stefen, Zilhas (1311),
An der Gasse (1319), Honau, Reinhart, Schaufler (1327),
Sämlin, Sibot (1329), Schellenberg (1331), Nöweler (1336),
Hug, Mall, Machtolf (1339), Rüeli (1347), Ruß, Schmid
(1412), Bäg (1413), Scheurer (Schurrer, 1414), Zuber (1418),
Cunzlin, Rat, Schill (1428), Stöcker (1434), Hartmann (1435),
Schenner, Bender, Stieber (Stueber, 1440), Merk (1446),
Sibold, Stahel (1453), Wunder (1456), Kremer, Übelherr
(1460). Gegen 200 weiterer Namen, darunter die noch heut-
zutage hierselbst vorkommenden: Bock, Demmler, Essig, Haid,
Hammer, Meyer, Wagner, Weber, Zipperer werden im J. 1461

erwähnt. Auch waren manche Angehörige adeliger Familien
hier begütert oder wohnhaft, z. B. Herren von Sachsenheim,
von Merklingen, Truchsessen von Waldeck im 14., Herren von
Stein und Gültlingen im 15., von Neuhausen, Wöllwarth, Lier-
heim im 16. Jahrhundert.

Die Stadt war der Sitz eines Amtes, welches unter einem
Vogt oder Amtmann, im 16. bis zum 18. Jahrhundert öfters
zugleich mit einigen benachbarten Aemtern zusammen noch unter
einem (adeligen) Obervogt, später unter einem Oberamtmann
stand, dem dann ein Untervogt zu Calw unterstellt war. Zum
Amte gehörten insbesondere in der letzten altwürttembergischen
Zeit, außer der Stadt selbst, die Waldorte: Altburger Stab mit
Altburg und ½ Weltenschwann, Speßhardter Stab mit einem
Teil von Speßhardt, ½ Weltenschwann, Alzenberg, Oberried und
Wimberg, Neuweiler Stab (ehemalige Herrschaft Vogtsberg oder
Fautsperg) mit Neuweiler, Wenden (heutzutage OA. Nagold),
Aichhalden, Hofstett und den Bergorten: Aichelberg, Hünerberg,
Meistern, Rehmühle, Zwerenberger oder Hornberger Stab (oberes
Amt) mit einem Teil von Zwerenberg und Hornberg (der an-
dere gehörte zum Altensteiger Amt), Oberweiler und Baiermühle,
Martinsmoos, sodann die Gauorte Deckenpfronn, Dachtel, Mött-
lingen mit dem Bühlhof (heutzutage Georgenau), diese 3 Orte
nebst Calw früher das „untere Amt Calw“ genannt. Der
Oberamtmann zu Calw war in der Regel zugleich Oberamtmann
zu Zavelstein, zu dessen Amt außer dem Städtchen Zavelstein
Teinach, Würzbach und Naislach, Röthenbach, der Sommenhardter
Stab mit Sommenhardt, Lützenhardt, Kentheim, einem Teil von
Speßhardt, ferner Schmieh, Emberg, Holzbronn, Breitenberg,
Oberkollwangen samt der Glasmühle gehörten; ferner Schirm-
vogt zu Hirsau.

Außer dem Oberamtmann führen die Staatshandbücher
aus der letzten altwürttembergischen Zeit noch folgende Beamte dahier bald etwas mehr bald etwas weniger vollständig
auf: den Keller (in der Regel dieselbe Person, wie der Oberamtmann); den Spezialsuperintendenten und Stadtpfarrer; den
Land- Stadt- und Amtsphysikus, Badmedicus der 3 Gesund-

brunnen Teinach, Wildbad, Liebenzell — durch Herzog Christophs
große Kirchenordnung vom J. 1559 war Calw wohl namentlich
auch mit Rücksicht auf diese benachbarten Bäder Sitz eines der
4 Landesphysikate Württembergs geworden —, sowie noch einen
oder einige weitere Ärzte; den geistlichen Verwalter; den Diakonus; die 2 Bürgermeister; den Stadt- und Amtsschreiber; den
Rechnungsprobator; den Amtspfleger; den Präceptor; einen oder
zwei Collaboratores; 2 deutsche Schullehrer; den Hospitalverwalter;
den Hauptzoller; den Oberacciser; den Braun'schen Stiftungs-
pfleger; den Stadt- und Landapotheker; einen Chir. Jur. und
Accoucheur; einige Chalanden; zwei Kastenknechte (einen bei der
Kellerei, den anderen bei der geistlichen Verwaltung).

Bei der Kreiseinteilung der Jahre 1806/7 wurde Calw
die namengebende Stadt eines Kreises, dessen Hauptmann seinen
Sitz im ehemaligen Oberamteigebäude zu Hirsau hatte, im J.
1810 Sitz der Landvogtei Schwarzwald, deren Landvogt in
Calw wohnte, mit den Oberämtern Böblingen, Calw, Nagold,
Neuenbürg, im J. 1817 wurde das Oberamt dem Schwarz-
waldkreise zugeteilt. — Weiterhin wurde durch die Organisation
der JJ. 1806/7 der größte Teil des aufgelösten Klosteramtes
Hirsau, so namentlich Hirsau, Agenbach, Ebersbühl, Ernstmühle
z. T., Ober-Kollbach, Ober-Reichenbach, Ottenbronn, Stammheim
nebst Dicke und Waldeck, sowie das Oberamt Liebenzell mit dem
Calwer vereinigt; im J. 1808 kamen Teile des einstigen Amtes
Merklingen: Alt- und Neuhengstett, Gechingen, Simmozheim,
1810 solche der Oberämter Altensteig (namentlich einige alte
Calwer Amtsorte, welche vorübergehend Altensteig zugeteilt gewesen waren) und Böblingen, z. B. Ostelsheim, ans Oberamt,
von welchem dagegen das Liebenzeller Oberamt an Neuenbürg
abgegeben wurde; im J. 1812 kamen wieder einige frühere
Böblinger Orte ans Oberamt Böblingen zurück und frühere
Altensteiger (und Neuenbürger) Orte des Calwer Oberamts ans
Nagolder, wogegen dem Calwer vom aufgehobenen Wildberger
Amt Neu- und Altbulach mit Kohlers- und Seitenthal, Liebelsberg und Ober-Haugstett abgetreten wurden. Im J. 1842 endlich wurde der heutige Bestand des Oberamtes festgestellt, wobei

Liebenzell und dessen einstige Amtsorte Dennjächt mit Thann, Ernstmühle z. T., Monakam, Unter-Haugstett, Unter-Reichenbach wieder mit demselben vereinigt wurden.

In neuester Zeit war die Stadt von 1869—1874 Sitz eines Kreisstrafgerichts, für welches ein Lokal im Rathaus mit einem Aufwand von 10,000 fl. eingerichtet ward. — Seit dem 1. Okt. 1871 befindet sich ein Landwehrbezirkskommando dahier.

Nach einem Vertrag zwischen Herzog Ulrich von Württemberg und Markgraf Philipp von Baden vom 4. August 1516 hatte ersterer das Geleit bis zum Oberen Bad in Liebenzell, letzterer bis zur Frauenkapelle bei Calw.

Schon im Anfang der ständischen Entwickelung Württembergs, z. B. bei den Hausverträgen von Urach vom J. 1473 und von Münsingen vom J. 1482, wird unter der Zahl derjenigen Herrschaften und Ämter, deren „Vögte, Schultheißen, Keller, Bürgermeister, Richter und ganze Gemeinden" diese Verträge zu halten gelobten, Calw aufgeführt und so hatten Stadt und Amt während der ganzen Herzogsperiode ihren Abgeordneten im Landtage. Während der Verhandlungen über die Verfassung und seit deren Wirksamkeit wurden dieselben in der Kammer der Abgeordneten vertreten: zuerst durch Dr. Jur. Christ. Jak. Zahn (—1828; s. u.), sodann weiterhin durch den Kaufmann und Fabrikanten Kommerzienrat Georg Dörtenbach (1830—1855; s. u.), den früheren Calwer Zollverwalter und Stadtacciser, in der Folge Oberkontrolleur in Züttlingen und Stuttgart, Andr. Jak. Sammet (1856—61), den hiesigen Stadtschultheißen Chr. Friedr. Schuldt (1862—1868 und 1870—76), dazwischen den Kaufmann Emil Georgii von hier (1868—1870), seit 1877 den Kaufmann und Fabrikanten Kommerzienrat Julius Stälin von hier. Für das Zollparlament der JJ. 1868—1871 wählte Stadt und Amt Calw zugleich mit Böblingen, Nagold, Leonberg, Neuenbürg den Banquier und kgl. bayr. Konsul Georg Dörtenbach in Stuttgart, für den Reichstag zugleich mit Herrenberg, Nagold, Neuenbürg 1871—1877 den Kommerzienrat Chevalier in Stuttgart, seit 1877 den bereits genannten Kommerzienrat Julius Stälin.

Einen Oberhof für die Stadt, woselbst sie „Urtel und Recht" holte, bildete im späteren Mittelalter Tübingen; hinsichtlich des Erbrechts galt bis zur Zeit der Erlassung des Landrechts vom J. 1565 das sog. Verfangenschaftsrecht. Gerichtsverhandlungen in peinlichen Sachen fanden bis nach Beginn des 16. Jahrhunderts unter freiem Himmel statt, den 30. Dez. 1522 gestattete jedoch die damalige österreichische Regierung statt der bisherigen Übung, das Gericht in der Gasse unter freiem Himmel abzuhalten, dies in der großen Stube des Rathauses, bei offenen unbeschlossenen Thüren, zu thun. Dagegen wurde der Stadt im J. 1565 von der Regierung ihr Wunsch abgeschlagen, daß für Unterstützung der Parteien bei den Rechtstagen statt, wie seither üblich, einen der Richter auszuwählen, eigene Fürsprecher „außerhalb des Gerichts von der Bürgerschaft" aufgestellt werden. Bis zur Einführung der Schwurgerichte im J. 1849 konnten hier, dem damaligen Gerichtsverfahren gemäß, Hinrichtungen stattfinden; die letzten, welche angeordnet wurden, waren, soviel bekannt, diejenigen zweier Calmbacher, Joh. und Jakob Bernhard Jäger, wegen eines Raubmords, wobei der erste auf das Rad geflochten, die Köpfe beider auf Spieße gesteckt wurden (2. Okt. 1812), und der Gertrude Pfeiflin aus Teinach, gleichfalls einer Raubmörderin, deren Kopf ebenfalls auf den Spieß gesteckt wurde (28. Aug. 1818).

Politische Geschichte der neueren Zeit.

Die politischen Stürme und Kriegsdrangsale, welche in den letzten Jahrhunderten über unser Vaterland überhaupt hereinbrachen, haben auch auf Calw, vielfach sehr schmerzlich, eingewirkt.

Beim Aufstand des Armen Konrad im J. 1514 lagerten sich 200 Leute vom Amt vor der Stadt, aber auch in der Stadt selbst fand derselbe Anhänger und es werden Sebastian Mezler, Jakob Kürsamer, Utz Schneider, Hans Rößer, Enderis Terdiger, Konrad Summenhard, Veit Gürtler, Egen und andere als Haupträdelsführer bezeichnet, ja der Bürgermeister Berthold Gerber selbst soll sich zu den Aufrührern gehalten haben. Es wurden, wie anderswo, Artikel aufgesetzt, dem Vogte Konrad Lamparter die Schlüssel der Stadt, sowie des Schlosses abgetrotzt und die Wachposten von Aufrührern besetzt. Als nach dem Abschluß des Tübinger Vertrags der herzogliche Abgeordnete Konrad von Reischach die Huldigung hier einnehmen wollte, wurde ihm von einem Teil der Bürger erklärt, zuvor müsse auch ihnen im Namen des Herzogs gehuldigt werden; nach eingeholter Vollmacht des letzteren erklärte hierauf Reischach, der Herzog gelobe dem Vertrag nachzukommen und entbinde die Bürger ihres früher geleisteten Huldigungseids. — Dem Schwäbischen Bunde ergab sich Calw wie Zavelstein im J. 1519 ohne Widerstand. — Bei seinem vergeblichen Versuche, Württemberg wieder zu erobern, im Anfang des J. 1525, erließ Herzog Ulrich am 26. Februar eine Aufforderung an die Stadt, sich ihm anzuschließen. — Im alsbald folgenden Bauernkrieg verhandelte der Vogt Lamparter im Verein mit seinen Bürgern am 24. April vergeblich mit den Aufrührern, dem Haufen aus dem Ammerthal, Schönbuch und dem Hohenbergischen, in dem benachbarten Merklingen; von dem in ihre Hände gefallenen Kloster Hirsau aus forderten am folgenden Tage „Leonhard Schwarz von Dagersheim, Hauptmann mit samt der Versammlung der Bauerschaft" die Stadt auf, ihre

Thore zu öffnen und zu ihnen zu treten, drohte auch mit Herbei-
rufung des zu Wildberg stehenden Haufens. Hiezu war keine
Bereitwilligkeit vorhanden, vielmehr wandte sich der Vogt und
die Stadt mit der wiederholten Bitte um Rat und Hilfe an die
Regierung zu Stuttgart und die letztere versprach insbesondere
dem Vogt, ihm im Notfall hinauszuhelfen, und bereits am 12.
des folgenden Monats machte der Sieg des Truchsessen Georg
von Waldburg bei Böblingen dem Aufstand in diesen Gegenden
ein Ende. — Auf die erste Kunde vom Sieg Herzog Ulrichs
bei Lauffen am 13. Mai 1534 schickte Stadt und Amt Calw
drei Abgeordnete, Sebastian Brenz, Sebald Büchsenstein und
Eberhard Käufelin, an ihn, um diesem ihrem Erbfürsten aufs
neue zu huldigen.

Schon die ersten Zeiten des 30jährigen Krieges stellten
bedeutende Anforderungen an das Vermögen der Stadt und
ihrer Bürger. So gaben die letzteren innerhalb 5 Jahren unter
des Dekans J. V. Andreä Leitung 110,000 fl. armen, ihres Glau-
bens halber vertriebenen Fremden zur Unterstützung. Schweren
Schaden brachte sodann die arge Münzverwirrung der sogenannten Kipper und Wipper (1621 ff.), sowie die Beiziehung der
Stadt zur Brandschatzung des Landes nach dem sogenannten
Kirschenkrieg des J. 1631. Zudem waren die damaligen Vögte
zum Teil keine tüchtige Beamte, und insbesondere einer derselben,
Andler, ein hochmütiger Mann, hielt es mit dem jüngeren Teil
der Bürgerschaft, welcher von der immer mehr überhandnehmenden
Verwilderung und Sittenlosigkeit angesteckt war.

Ganz besonders verhängnisvoll für die Stadt wurde jedoch
das J. 1634, welches durch den Verlust der Schlacht bei Nördlingen am 27. August (6. Septbr. neuen Stils), wie für die
evangelische Sache überhaupt, so insbesondere für Württemberg
schweres Unheil brachte.*) Zunächst kam der Oberst von Holz mit

---

*) Eine der Hauptquellen zu den folgenden Begebenheiten: Virgae
divinae urbi Calvae Wirtemb. IV. et III. Eid. Septb. 1634 inflictae
memoria, studio Johann. Valent. Andreae calamo vicario Christophori
Lucii [des Präceptors Luz] Gepp. P. L. Stutg. 1643, 8⁰, war zwar in
keiner einheimischen Bibliothek, dagegen in der herzogl. Bibliothek zu Gotha
aufzufinden.

etlichen Schwadronen deutscher und französischer Truppen von
Villingen her, an dessen unglücklicher Belagerung auch die Calwer
Landmiliz im vorhergehenden Jahre teilgenommen hatte, durch
die Stadt. Ihm folgte der Oberstlieutenant und Generaladjutant
Herzog Eberhards III., Jakob Bernhard von Gültlingen, welcher
den Auftrag hatte, mehrere Kompagnien Reiterei, einige Geschütze
und Wägen mit Kostbarkeiten nach Ettlingen zum Rheingrafen
Otto Ludwig zu geleiten. Vor seinem Abzug soll er mit den
Häuptern der Stadt stark gezecht haben, so daß diese dem nun
kommenden Sturm nicht mit der genügenden Besonnenheit ent-
gegentreten konnten. Jedenfalls aber ließ es der bereits genannte Vogt Andler an der nötigen Thatkraft und an Anstalten
zur Abwendung der drohenden Gefahr fehlen, denn nicht andert-
halb Stunden nach Gültlingens Abzug kam am 10. (20. neuen
Stils) September der ihm nacheilende bayerische General Johann
von Werth, welcher die Verfolgung der geschlagenen Feinde
durch Württemberg übernommen hatte, mit ungefähr 2000 Rei-
tern, nach einer andern Angabe ungefähr 4000 Mann, darunter
die wilden Kroaten. Das Ziegelthor wurde nicht alsbald geöffnet, weshalb die Dragoner durch die Fenster der Häuser bei
demselben einstiegen. Werth selbst begnügte sich mit kurzer
Plünderung und setzte alsbald den Flüchtigen nach, die er denn
auch bei Igelsloch erreichte und mit dem Führer und reicher
Beute fast sämtlich gefangen nahm. Ein in Calw zurückgelasse-
ner oder dahin zurückgekehrter Teil seiner Soldaten dagegen
verübte besonders am folgenden Tage trotz einer erlegten Brand-
schatzungssumme von 6000 fl. die entsetzlichsten Greuel durch Mord,
Raub, Plünderung, allerlei Grausamkeiten, wie den bekannten
sogenannten schwedischen Trunk, Schändung von Frauen, Jungfrauen, halb erwachsenen Mädchen u. a. Kein Alter, kein Stand,
kein Geschlecht schützte vor der Wut insbesondere der Kroaten.
So fanden 10 über 70 Jahre alte Männer, zum Teil ergraute
Richter, darunter Marx Zeschlin, Ludwig Gerber, ihren Tod,
weiterhin Johann Schauber, genannt Freudenhaus, welcher halb
gebraten wurde, Caspar Nicolaus, welcher wegen seines Bekennt-
nisses, daß er gut schwedisch sei, am ganzen Leib mit Wunden

bedeckt, mit Feuer gesengt wurde, die beinahe 90jährige Witwe des verstorbenen Bürgermeisters Büchsenstein, welche gleichfalls verbrannt wurde. Der Präzeptor Luz entging wiederholter Todesgefahr besonders durch seine Kenntnis des Französischen, Italienischen und Spanischen, in welchen Sprachen er sich mit den Soldaten je nach ihrer Herkunft unterhielt. Zu allem hin wurde die Stadt in der Nacht vom 11. auf den 12. (21. auf den 22. neuen Stils) d. M. nach Mitternacht angezündet, so daß sie mit 3 Vorstädten abbrannte: im ganzen bei 450 Häuser, darunter die erst kürzlich erweiterte und verschönerte Pfarrkirche, die kleinere Kirche auf dem Gottesacker, das Rathaus, die Vogtei, die Pfarrhäuser, die Schulen, die Jakobäus'sche Apotheke, die Fabrikhäuser, Warenlager und beinahe alle öffentlichen und Privatgebäude, ausgenommen „ein kleines Scheuerlein, so in einer Ecke stehen blieb". Nur die äußere Vorstadt mit etwa 100 Häusern wurde gegen Erlegung einer Brandschatzung von 4000 oder 5000 fl. verschont, eine Summe, welche durch Zinsen noch sehr anwuchs und zu Frankfurt durch einen Kaufmann berichtigt ward; aber auch sie wurde 3—4 Wochen darauf durch eingedrungene Villinger nochmals hart mitgenommen. Manche, wie Andreä, welcher schon vor dem Eindringen des Feindes in die Gegend von Neuweiler geflüchtet war und auf den Höhen herumirrend die Flammen der Stadt von ferne emporlodern sah, hatten sich schon früher entfernt, anderen gelang es jetzt noch zu entkommen, indem sie mit Lebensgefahr über die Mauern sprangen oder sich an Seilen hinabließen, obgleich auf die Fliehenden eine eigentliche Jagd bis in die benachbarten Wälder und Schluchten eröffnet wurde. Außer denen, welche in den Flammen ihren Tod fanden und deren Anzahl nicht sicher zu erheben war, kamen ungefähr 83 Personen, teils alsbald, teils infolge ihrer Wunden ums Leben, 200 blieben als verwundet übrig, darunter 20, an deren Aufkommen man noch in der nächsten Zeit zweifelte. Von 3832 Einwohnern*) sank die Zahl durch Abgang von 2304 auf 1528 herab.

---

*) So (oder auch 3821) nach Andreäs Angabe, welche so ziemlich, übrigens nicht ganz, zu der früheren auf S. 19 stimmt. — Neunzehn

Nur langsam erstund die Stadt wieder aus der Asche, wobei sich Andreä durch Rat und That, sowie, in dieser Hinsicht durch seine ausgebreiteten freundschaftlichen Beziehungen wesentlich unterstützt, durch Beischaffung von fast 10,000 fl. milder Beiträge, die größten Verdienste erwarb, während er selbst beim Brande fast sein ganzes Vermögen, wichtige Handschriften und wertvolle Gemälde verloren hatte. Der Gottesdienst wurde zunächst in der frühern Sebastianskapelle wieder aufgenommen. Der, wie berichtet wird, schon im Jahr 1638 begonnene Wiederaufbau der Stadtkirche, von welcher wohl die steinernen Umfassungsmauern teilweise stehen geblieben waren und namentlich der Chor, die an ihn sich anschließende Sakristei und an seiner nördlichen Seite zum Teil das Stiegenhaus, die Vorhalle an der Südseite des Langhauses, nicht wesentlich gelitten zu haben scheinen, verzögerte sich, weil der eingedrungene katholische Prälat von Hirsau Ansprüche an sie erhob; das Holz war bereits im dritten Jahr nach dem Brand schon wieder gefällt, blieb aber liegen und verfaulte; im J. 1640 geriet sogar der Gottesdienst etwas ins Stocken, so daß der Vogt dem Amtmann, welcher sein Vieh in die Kirche geflüchtet hatte, einen starken Verweis gab und den Geistlichen und der Gemeinde einschärfte, ihres Amtes unerschrocken zu warten und sich von der Übung des Gottesdienstes durch nichts abhalten zu lassen. Doch wurde die Kirche am 22. Juli 1655 in Gegenwart von „in die 2587 Personen, worunter in die 800 Bürgerkinder und beiläufig 300 Fremde" wieder eingeweiht. Herzog Eberhard und seine Schwestern, die Prinzessinnen Antonie, welche das Uhrwerk nebst einer Zeigertafel, und Anna Johanna, welche das Taufbecken und die Kanne stifteten, eine Reihe von Beamten und Honoratioren der Stadt, unterstützten den Bau durch Spenden, ebenso Kaufherren von Augsburg, Hamburg, Frankfurt, Ulm, die Stadt Nürnberg. Hatte doch die Regierung die Städte Straßburg, Ulm, Nürn-

---

Jahre zuvor hatten einige Fastnachtsnarren dahier das Bild des Papstes verbrannt, was insbesondere in Weilderstadt böses Blut machte, so daß derjenige, der damals die Person des Papstes gespielt hatte, der über 70 Jahre alte Schmied Rothfelder, auf unmenschliche Weise zerfleischt, von vielen Wunden durchbohrt und endlich ins Feuer geworfen wurde.

berg, Augsburg, Frankfurt, Leipzig, Hamburg, Lübeck, um Beistand angegangen. Im Jahr 1653 wurde das Vogtsamtshaus
durch den Herzog in größerem Umfang mit 7000 Gulden wieder
aufgebaut. Im J. 1656 wurde die lateinische und die deutsche
Schule in Angriff genommen, im folgenden Jahr vollendet und
wieder eröffnet, im J. 1673 erstand wieder das Rathaus, dessen
massiver Unterbau denn auch im J. 1692 verschont blieb, während
die oberen aus Holz aufgesetzten Stockwerke erst vom Jahr 1726
herrühren.

Noch mehrere Jahre nach dem Hauptunglücksjahr dauerten
Durchmärsche und Einquartierungen von Truppen, verbunden mit
schweren Mißhandlungen der Einwohner, Erpressungen jeder Art,
Raub und Plünderung fort. Erwähnt werden unter anderem:
im J. 1635 ein Standquartier des kaiserlichen Obersten Johann
Puk; im August 1637 ein räuberischer Anfall auf Andreä kaum
1000 Schritte von der Stadt, sowie ein Kampf von Calwer
Bürgern mit Räubern, welche ihr Vieh wegtreiben wollten, wobei
diese Bürger sich in der Minderheit befanden, teils getötet, teils
verwundet, teils gefangen genommen wurden, so daß sie nur mit
schwerem Lösegeld ihre Freiheit wiedererhielten; gegen den Schluß
dieses Jahres Quartier des Obersten der bayrischen leichten
Völker Joh. Wolfgang Vogel; im April 1638 ein Einfall, welchen der Kommandant von Philippsburg Caspar Bamberger ins
Land machen ließ und bei welchem die Stadt wieder rein aus-
geplündert und der Einwohnerschaft bei 25,000 fl. Wert an
Vieh und andern Effecten geraubt wurde; im J. 1643 Quartier des Oberstlieutenants Fugger, des Obersten Truckmüller;
1645 desgl. des Oberstwachtmeisters Peter Böhemen vom
Corselkischen Regiment, sowie des weimarischen Generals Rosen;
1647 desgl. des rebellischen weimarischen Öhmischen Regiments.
Noch im J. 1649, nach dem Abschluß des Friedens, lag ein
schwedischer Korporal mit etlicher Reiterei fast den ganzen
Sommer in Calw und zogen fremde Truppen, Schweden, Franzosen durch die Stadt und deren Umgebung.

Nach einer im Jahre 1652 angestellten Berechnung des
Kriegsschadens befanden sich im ganzen Amt mit Zavelstein statt

der früheren 1500 noch 780 Bürger und waren in die 3100 Morgen noch wüst und unangebaut. Man zählte jetzt 580 zu Grund gerichtete Gebäude in der Stadt, von welchen nur 200 zum Teil ganz schlechte Wohnungen wieder aufgebaut waren. Stadt und Amt hatten über 30,000 fl. Schulden, der Zeug=handel lag schwer darnieder.

Neue Leiden brachten die Raubkriege K. Ludwigs XIV. besonders im J. 1692. Nach dem unglücklichen Treffen bei Oetis=heim vom 17. (27. n. St.) Septbr. d. J. wandte sich eine Abteilung Franzosen von der Armee des Marschalls de Lorge dem Schwarz=walde zu und nachdem die Stadt von den Einwohnern unter Hinterlassung von Habe und Gut größtenteils schon am 17. ver=lassen worden war, wurde sie vom 19. (29.) abends nach Sonnenuntergang bis zum 23. (3. Oktbr.) verbrannt und ge=plündert. Es blieben nur „vier Privathäuser im Bezirk der Mauern und außerhalb derselben 36 hin und her an Bergen klebende mehr Hütten als Häuser" erhalten und wurden gegen ein Dutzend Personen teils verbrannt, teils im Wasser getötet gefunden. Auch trat Teurung und Hungersnot ein, so daß ein Scheffel Kernen 24 fl. kostete, und noch im folgenden Jahre wurden nur 24 Kinder hier geboren, starben 232 Personen meist aus Kümmernis und Elend. Die Regierung gewährte eine Beisteuer und am 18. Januar 1693 eine allgemeine Collekte; auch kam Beihilfe von auswärts, sogar von anderen Weltteilen und von Frankreich selbst. So wurden die Geschäfte rasch wieder in Stand gesetzt, die Handlungsgebäude vielfach zweckmäßiger neu aufgerichtet und der Wohlstand bald wiederhergestellt; auch ließen sich Fremde, selbst Angehörige anderer Nationen, in der Stadt nieder. Am 7. Januar 1696 wurde die Schule wieder er=öffnet und im Jahr 1697 waren wieder 164 neue Häuser und Hütten erbaut. Doch wurden noch im J. 1698 155 leere Plätze, 300 Morgen öder Äcker, 11 gantmäßige und 10 andere ganz verarmte Bürger hier gezählt.

Zur Geschichte dieses Unglücks sind uns, freilich erst in einer ziemlich jüngeren Quelle und somit in nicht sehr sicherer Weise, noch folgende Einzelheiten überliefert. Der Magistrat hatte die

Franzosen dadurch gereizt, daß er in das Schreiben des Kommandierenden, worin gegen ein gewisses Lösegeld Schonung der Stadt zugesagt worden, ein großes Loch brannte und es statt der Antwort so zurückschickte. Das Anzünden und Plündern war bereits wieder eingestellt und die Franzosen befanden sich auf dem Abzug, als ein junger Bürger (der Tradition zufolge Namens Demmler) von einem Abhange über der Walkmühle auf den unten ziehenden Trupp noch einen Schuß abfeuerte, worauf sie zurückkamen und ihr schnödes Werk vollendeten. Der damalige Bürgermeister Hans Wakker — der Name findet sich in der sonst bekannten Reihenfolge dieser Beamten nicht — welcher in seinem Gartenhaus über dem Gimpelstein gefangen ward, wurde im feindlichen Standquartier durch 1200 Ruthenhiebe zu tobt gemartert. Wildberg, woselbst sich die Calwer Färber zunächst wieder eingerichtet hatten, wünschte deren bleibende Ansiedelung nicht, damit die Lebensmittel nicht verteuert würden. Ein Taglöhner hatte in einer Höhle seines Wiesenstücks auf der Insel mehreren Personen Geld und Kostbarkeiten aufbewahrt, sodann aber diejenigen, welche sich nach der Wiederkehr des Friedens zur Abholung bei ihm einfanden — etwa ein Dutzend — einzeln ermordet. Nachdem er längere Zeit im Genuß des so erworbenen Geldes gelebt, stieß man beim Graben eines Brunnens auf die Höhle; entflohen wurde er ausgeliefert und in Untersuchung gezogen. Vor der über ihn verhängten Strafe der Hinrichtung durchs Rad wurde er mit Zangen gezwickt und, da er sich im Kerker an einer dünnen von weißen Fäden gedrehten Schnur, welche ihm in weichgesottenen Eiern beigebracht worden war, erhängte, in einer Kuhhaut durch die Straßen geschleppt und in der Mordhöhle seiner Verbrechen verscharrt.

Während des spanischen Erbfolgekriegs zogen im Juni 1704 Preußen, welche an der Donau gestanden hatten, über Calw an den Rhein und lagen im Jahr 1705 württembergische Haustruppen hier.

Aus Anlaß des polnischen Erbfolgekriegs befand sich im Dezember 1733 das schwäbische Kreisregiment zu Fuß unter

Generalmajor Graf von Wittgenstein hier und in der Umgegend, vom 4. Novbr. bis 21. Dezbr. 1735 vom kaiserlich russischen Infanterie-Regiment Kaporsch der Stab und die 4. Compagnie in der Stadt.

In den Kämpfen der französischen Revolutions- und der napoleonischen Zeit erfolgte am 10. Juli 1796 der mit großen Erpressungen verbundene Einmarsch des französischen Generals Laroche von dem Heere Moreau's und kam es in den nächsten Tagen zu kleinen Vorpostengefechten von Franzosen und Oesterreichern zwischen Alt- und Neuhengstett und Simmozheim, sowie Gechingen und Stammheim; am 17. d. M. zog General St. Cyr mit sämtlichen in der Gegend befindlichen Truppen wieder ab. Einen besonders bunten Wechsel befreundeter und feindlicher Truppen brachte das Jahr 1799; in ihm werden u. a. genannt Durchzüge von französischen und österreichischen Dragonern, Szekler-Husaren, Blankenstein-Husaren, Herzog Albert-Kürassieren, Latour-Dragonern, Gradiscaner Infanterie, Rotmänteln, Ulanen, Siebenbürgen, Wallachen, Fränkischen und Würzburgischen Jägern, Tiroler Scharfschützen, Kaiserhusaren. Weiterhin im Jahr 1800 solche von Ulanen und Husaren, der 65. Halbbrigade französischer Infanterie, polnischer Cavallerie, später des 21. und 23. französischen Chasseurregiments; im Jahr 1805 von österreichischen Rosenberg-Dragonern; im Dezbr. 1813 des Corps des österreichischen Feldmarschalls Bianchi, welches von Pforzheim ab über Calw nach Villingen marschierte.

Die Kriege im Anfang des 19. Jahrhunderts zeigten übrigens eine nicht unbeträchtliche Leistungsfähigkeit der Calwer Handlungshäuser. Es hatten nämlich die Verhandlungen, welche der landschaftliche Ausschuß durch den Calwer Ratsverwandten Ernst Bernhard Wagner in Verbindung mit dem hiesigen 2. Bürgermeister und seit Mai 1800 Mitglied des engeren Ausschusses, Ernst Friedrich Wagner, mit Stuttgarter Handlungshäusern zu dem Zwecke führte, die Zahlung eines Teils der von Moreau dem Herzog und den Ständen am 19. Juli 1800 auferlegten Kontribution von 6 Millionen Livres zu bewirken, erst nach Hinzutritt von Calwer Häusern ein Ergebnis und zwar in der Weise, daß sieben Stuttgarter Firmen (hinter denen noch andere standen) für 800,000 und die sechs Calwer Firmen: Notter u. Comp., Wagner u. Comp., Schill u. Comp., Jak. Friedr. Schill, Zahn u. Comp., Joh. Martin Vischer u. Comp. über 400,000 Livres Wechselbriefe auf 2, 4, 6 Monate Sicht gegen 1 % Provision und Ersatz aller Kosten, auch Verpfändung aller Einkünfte der Landeskasse unterzeichneten. Die Briefe scheinen zuerst Wechsel an eigene Ordre gewesen, später jedoch in Tratten auf Bethmann und Metzler in Frankfurt, fällig am 13. Nov., 13. Dez., 13. Jan. 1801 je 100,000, am 13. Febr. und 13. März 1801 je 50,000 Livres, verwandelt worden zu sein, worauf im März des letztgenannten Jahres die Schlußabrechnung stattfand.

Andererseits hatten diese Kriege für Calw selbst eine unangenehme Folge. Zur Bestreitung der auf der Stadt ruhenden Kriegskosten entschloß sich der Magistrat im Jahre 1802, einiges Holländerholz (8 Holländer Tannen, 43 Meßbalken, 23 Meß Siebziger, 203 Holländer Dickbalken und 278 Kreuzbalken) aus dem im Leonberger Forst gelegenen Stadtwald loszuschlagen, und verkaufte es mit Genehmigung der Regierungsbehörden an die Holländer Holzcompagnie. Hiegegen protestierte ein Teil der Bürger, legte wiederholt den Holzhauern das Hauen nieder und schälte die Tannen ab, wie es überhaupt zu solchen Unruhen kam, daß ein Militärkommando einrücken mußte. Im Ganzen waren es 260 Personen, gegen welche, teils weil sie eine unverschämte Drohschrift an das Oberamt und den Magistrat unterschrieben, teils weil sie sich an der Verhinderung des anbefohlenen Holzfällens oder dem Schälen der Tannen beteiligt oder sich bei diesem Anlaß überhaupt unbotmäßig benommen hatten, eine Untersuchung eingeleitet wurde. Von ihnen wurden 24 ursprüngliche Anstifter oder gröbere Frevler zu Incarceration von einigen Wochen oder Tagen, darunter 2 zugleich zur Entsetzung von ihrer Rats- beziehungsweise Ratsverwandtenstelle, 191 zu einem Anteil an den Kosten, 40 andere zu einem geringeren Anteil an denselben verurteilt, 5 weitere gingen straflos aus.

Das Jahr 1848 machte sich in Calw in ähnlicher Weise

wie anderwärts geltend und es mögen wenigstens einige Be=
gebenheiten dieser aufgeregten Zeit hervorgehoben werden. In
großen Volksversammlungen, wie sie am 3. und 16. März statt=
fanden und zu einer Adresse und Deputation an den König,
sowie einer Adresse an das Ministerium Veranlassung gaben,
wurden Reformen und Vereinfachungen im ganzen Staats=
organismus, Ersparnisse im Staatshaushalt, Abschaffung der
ersten Kammer, das Recht Waffen zu tragen, dasjenige der
öffentlichen Versammlungen zur Besprechung öffentlicher An=
gelegenheiten u. dergl., sowie weiterhin Schutz der Industrie
durch Erhöhung der Eingangszölle, Gebrauch nur deutscher
Fabrikate, Weglassung aller Titulaturen, Sitzenlassen der Kopf=
bedeckung beim Grüßen u. a. gefordert. Am 17. d. M. wurde
eine Bürgerwehr errichtet. Sie bestand aus einem Bataillon
mit vier Compagnien und zwar 3 Musketiercompagnien und
1 Schützencompagnie; Offiziere waren namentlich: Kommandant=
Major Rechtskonsulent Schwarzmann, später Dr. Müller, Ad=
jutant=Lieutenant Stadtpfleger und Wundarzt Schuler; Adjutant=
Feldwebel Gerichtsnotariats=Assistent Hailer; Hauptleute: Kauf=
mann Ferdinand Georgii, später Schreiner Zahn, Glaser Gaiser,
Oberamtsrichter Ebensperger, später Schneider Häusler, zuletzt
Schuler, bei den Schützen Dr. Müller, später Tuchmacher Buck. Am
25. d. M., dem berüchtigten Franzosenfeiertag, war auch hier
äußerste Aufregung; schon im Verlaufe der Nacht und den Tag über
trafen verschiedene Nachrichten über den Anmarsch der Franzosen
von Freudenstadt, Nagold, Gernsbach, Neuenbürg ein, kamen von
benachbarten Ämtern Bitten um Rüstung und Hilfe, wurden aber
auch Gesuche nach Leonberg um Unterstützung durch die dortige
wehrfähige Mannschaft und wiederholt dringend nach Stuttgart
um Zusendung von Truppen abgesandt, Frauen, Kinder, Kost=
barkeiten geflüchtet, letztere zum Teil vergraben. Am 28. d. M.
dankten die lebenslänglichen Stadträte unaufgefordert ab. Auch
Stadtschultheiß Schuldt wollte seine Stelle niederlegen, behielt
sie jedoch auf einstimmige Bitte des Stadtrats bei. Am 2.
April war wieder eine Volksversammlung auf dem Brühl, bei
welcher unter anderen Stadtpfarrer Buttersack von Liebenzell

auftrat, auch mehrere Pforzheimer, ohne übrigens lebhaften An=
klang zu finden, für die deutsche Republik sprachen; am 16. d. M.
wurde ein vaterländischer Bezirksverein gegründet, dessen Aus=
schuß aus Anhängern der vorgeschritteneren und der conser=
vativen Richtung gemischt war, doch bildete sich schon am
5. Juni ein eigener Verein der ersteren Richtung. Bei der
Wahl zur Nationalversammlung am 25.—27. April wurde als
Abgeordneter von Calw in Verbindung mit dem Oberamt
Neuenbürg, sowie Teilen der Oberämter Freudenstadt und Nagold
der bekannte Politiker Karl Mathy in Mannheim, als dessen Er=
satzmann Georg Dörtenbach gewählt, doch fand des ersteren Ver=
halten in Frankfurt, insbesondere seine Abstimmungen zu Gunsten
des von Preußen abgeschlossenen Malmöer Waffenstillstandes, all=
mählich manigfache Mißbilligung, so daß eine Versammlung von
Wählern der Bezirke Calw und Neuenbürg zu Calmbach am
14. Septbr. die Aufforderung an ihn richtete, abzutreten, da
er sich nicht mehr im Einklang mit seinen Wählern befinde; auch
ging am 19. d. M. eine Entrüstungsadresse über den Beschluß
wegen dieses Stillstandes von Calw an die Nationalversammlung
ab. Am 3. Oktbr. fand die erste öffentliche Stadtratssitzung
statt. Am 20. Novbr. wurde im Rathaussaal eine Totenfeier
für den in Wien erschossenen Robert Blum abgehalten.

Im folgenden Jahre war es vor allem die anfängliche
Weigerung des Königs, die Reichsverfassung anzuerkennen, was
auch hier die Gemüter auf das lebhafteste aufregte und z. B.
am 22. April eine Erklärung der auf dem Rathaus ver=
sammelten Bürgerschaft, für Aufrechterhaltung der deutschen
Reichsverfassung mit Gut und Blut einstehen zu wollen, und am
24. d. M. ein Ausrücken der Bürgerwehr zur Folge hatte,
welche den Erklärungen der Stuttgarter und Tübinger Bürger=
wehr beitrat, diese Verfassung in ihrem ganzen Umfange an=
zuerkennen, ihr Gehorsam leisten und solchen verschaffen zu
wollen. Nach der Übersiedelung eines Teils der Nationalversamm=
lung von Frankfurt nach Stuttgart, woselbst am 6. Juni die erste
Sitzung gehalten wurde, stellte sich am 9. d. M. ein großer
Teil der hiesigen Bürgerwehr der Reichsregentschaft und der

Versammlung unbedingt zur Verfügung. Nach der Auflösung der letzteren hielten einige von ihren Gliedern, so der Präsident Löwe und Rösler von Oels, am 21. d. M. aufreizende Reden dahier, worauf am 22. Juni etwa 15 junge Leute nach Pforzheim zogen, um sich den badischen Freischaren anzuschließen. Namentlich aber erfolgte am 23. d. M. der Ausmarsch eines Teils der Bürgerwehr und einer Anzahl junger Leute nach Horb. Die Anführer teilten mit, es handle sich um eine allgemeine Erhebung, auch die Bürgerwehren einer Reihe anderer Städte versammeln sich in Horb und es sei nun Pflicht aller, welche sich früher für die Nationalversammlung unterschrieben haben, gleichfalls dahin zu ziehen; die Sache könne keinen Nachteil bringen. Wiederholte Vorstellungen der staatlichen und städtischen Behörden auch an die Bürgerwehr blieben ohne Erfolg; trotz des Verbots wurde die letztere herausgeschlagen und füllte sich der Marktplatz mit etwa 100 Bewaffneten. Da das Verlangen, der Gemeinderat solle den Ausmarschierenden 3000 Patronen, sowie Schießgewehre für die mitziehenden jungen Leute herausgeben, abgeschlagen wurde, stürzte der größte Teil der Bewaffneten unter dem Geschrei: Mit Gewalt! mit Gewalt! vorwärts! auf das an der Rückseite des Rathauses gelegene Realschulhaus, wo die Patronen aufbewahrt waren. Nach nochmaligen wiederholten vergeblichen Vorstellungen und der Entgegnung, man könne für nichts stehen, wenn er nicht öffne, legte der Stadtschultheiß den Schlüssel auf die Treppe, worauf die Thüre geöffnet und etwa 2000 Patronen geholt wurden. Um die in einem Nebengemach des staträtlichen Sitzungszimmers aufbewahrten Gewehre zu erwerben, wurde in das Rathaus gestürmt; auch hier wich die Behörde nach wiederholten Warnungen und Vorstellungen ihrerseits, sowie Drohungen seitens der Stürmenden und als bereits mehrere Leute mit gefällten Gewehren gegen das Ratszimmer vorgedrungen waren, der Gewalt und folgte die vorrätigen 18 Gewehre aus. Zuletzt wurden noch dem Stadtpfleger Schuler, welcher die Zündhütchen in Verwahrung hatte, 3000 Stücke solcher mit Gewalt abgetrotzt. Gegen 5 Uhr erfolgte der Auszug von etwa 120 Bewaffneten, welche gegen 10 Uhr nachts in Nagold einrückten und am andern Morgen nach Horb weitermarschierten. Allein da die in Aussicht genommenen Zuzüge nicht eintrafen, traten sie alsbald ihren Rückzug an und kamen am 24. abends zu Wagen wieder nach Calw. Am gleichen Tage rückte ein Bataillon des 1. Infanterieregiments unter Oberstlieutenant von Moser in die Stadt ein, zog übrigens schon am 25. morgens in die Böblinger und Herrenberger Gegend ab. Auf die Nachricht, daß Wildbad von Freischaren bedroht sei, kamen nachts 10 Uhr wieder eine Schwadron Reiter und zwei Compagnien hierher. Die Bürgerwehr hatte bereits zuvor gegen die sogenannte „schwäbische Legion", die sich an der Grenze gezeigt, alle Eingänge der Stadt mit starken Wachposten besetzt, sie übernahm auch jetzt die Wache, so daß das ermüdete Militär nur die Hauptwache zu besetzen hatte. Am 26. zogen die Truppen und zwei weiter angekommene Compagnien mit Zurücklassung von 50 Mann weiter nach Wildbad und Neuenbürg; am 27. rückte Graf Wilhelm von Württemberg mit einem Bataillon des 5. Infanterieregiments und einer Schwadron des 3. Reiterregiments ein. Am 30. morgens acht Uhr kam der König von Nagold her durch, reiste aber schon nach einer Stunde wieder Stuttgart zu. Am Nachmittag desselben Tags wurden diejenigen Wehrmänner, welche ausgezogen waren, entwaffnet, was ohne Schwierigkeit vor sich ging, da die meisten die That bereuten. Am 3. Juli verließen sämtliche Truppen die Stadt und Umgegend; doch kamen gegen Ende des Monats wieder Teile des Observationscorps vom Schwarzwald hier durch. Die gerichtliche Untersuchung wegen des Auszugs an sich wurde eingestellt, dagegen wurde einer der Führer, Rechtskonsulent Z., welcher von Horb aus in die Schweiz geflohen war, wegen seiner ganzen auf den gewaltsamen Umsturz der Landesverfassung abzielenden Thätigkeit überhaupt in contumaciam zu 18 Jahren Zuchthaus, drei an der Ertrotzung der Munition und der Gewehre in hervorragender Weise beteiligte Personen wegen Teilnahme an einem Auflaufe zu einer Kreisgefängnisstrafe von 7 Monaten verurteilt. Im J. 1858 wurde jener Anführer durch Niederschlagung der Untersuchung begnadigt.

An den glorreichen Kämpfen des Jahrs 1870/71 nahmen 45 Angehörige der Stadt Teil, von welchen 3 Soldaten und 3 hier heimatberechtigte Offiziere durch die Verleihung des eisernen Kreuzes geehrt wurden, aber auch einer den Tod fand. Am 27./28. Juni 1871 durfte die Stadt einige der siegreich heimkehrenden Truppen, das dritte Jägerbataillon und Infanterie, begrüßen.

Wichtigere Naturereignisse.

Auch die Natur selbst griff in ihren Elementen Feuer und Wasser, einigemal in sehr schmerzlicher Weise, in die Geschicke der Stadt ein. So fiel einer Feuersbrunst vom 19. Januar 1686 die Kronenherberge samt 18 anderen Gebäuden auf dem Markt und in der Ledergasse zum Opfer, und eine andere vom 17. Februar 1795, welche wahrscheinlich durch aufgeschüttete glühende Asche auf der Bühne des Gerbers Daniel Naschold zum Ausbruch kam, vernichtete 17 Gebäude in der Ledergasse, beschädigte 4 weitere und beraubte 27 Familien ihrer Wohnung. Noch viel häufiger verursachte das Austreten der Nagold und der sich in sie ergießenden Bäche Wassersnot. So wurde, um der bedeutendsten dieser Fälle zu gedenken, im Jahr 1472 infolge des Schneeschmelzens der Hauptaltar der Marien=kapelle ganz mit Wasser überdeckt. Im Juni 1613 wurden durch die ausgetretene Nagold gegen 20 Personen „jämmerlich weggenommen und ersäuft". Am 13. Januar 1633 riß ein großes Wasser die neue mit großen Eisenstangen und einem Dach versehene Brücke oberhalb der Stadt ganz, von der unteren Brücke ein Stück weg und füllte die obere Brücke in der Stadt fast bis an die Schwibbögen; durch die Ledergasse floß ein grö=ßeres Wasser als die Nagold für gewöhnlich selbst führte; bei 2½ Ellen hoch stund das Wasser über den Thürschwellen, es riß mehrere Leichen aus dem Kirchhof fort, wie eine solche erst in Unter=Reichenbach wieder aufgefunden wurde; in ein großes Loch im Zwinger und in der Stadtmauer wurde 1636 das sog. Salzthörlein gebaut. Am 20. Dezember 1740 wurden 2 hölzerne Brücken weggeschwemmt, 2 Joche von der unteren steinernen niedergerissen, die obere steinerne schwer geschädigt. Eine Über=schwemmung vom 29—31. Oktober 1824 ließ nach 36stündigem Regen das Wasser 12—13 Fuß über den gewöhnlichen Stand steigen, beschädigte die 2 Steinbrücken, riß den hölzernen Steg weg und richtete an 132 Privatgebäuden einen Schaden von

5895 fl. an, hatte auch, da die Feuchtigkeit im Winter nicht mehr austrocknete, im folgenden Frühjahr katarrhalische und rheumatische Fieber mit typhösem Charakter zur Folge. Eine besonders schwere Überschwemmung war diejenige des 1. August 1851: ein heftiges Gewitter vom 31. Juli abends brachte die ganze Nacht über Regengüsse wie wahre Wolkenbrüche, so daß von 9 Uhr abends bis 9 Uhr morgens 461 Kubikzoll Wasser auf den Quadratfuß fielen; eine Masse Floßholz, wohl mehr als 3000 größere Stämme, hatte sich vor der äußern Brücke bis weit über die obere Mühle hinaus gelagert und erhöhte die Gefährlichkeit der Lage; aus den dem Andrang des Wassers zunächst ausgesetzten Häusern mußten die Leute teils von kräftigen Männern auf den Schultern fortgetragen, teils durch den Rettungsschlauch gerettet werden; das Hintergebäude des Hafners Schöttle in der Badgasse brach zusammen und seinem Wohnhaus drohte der Einsturz; in einem Hause der Metzgergasse, dessen Erdgeschoß teilweise mit Wasser überflutet war, entstand eine Feuersbrunst; in der Bischofsstraße stürzte das Haus des Joh. Georg Knapper, nachdem die Wellen das Hofthor eingedrückt hatten, und ein Teil des hart angebauten Hauses des Leinewebers Christian Bühl zusammen, wobei 9 Personen ihren Tod fanden, meist fortgeschwemmt und erst später wieder gefunden, zum Teil unter den Trümmern des Hauses begraben wurden; die neue Brücke auf der Straße nach Teinach und der größere Teil des Weinstegs wurde weggeschwemmt, der Schaden, soweit er angezeigt wurde und nicht den Staat anging, betrug für die Gemeinde 55,000 fl. An der durch die Überschwemmung erzeugten Typhusepidemie, welche bis Januar 1852 währte, erkrankten 678 Personen (= c. 14 % der Bevölkerung), von welchen 43 starben. In neuester Zeit waren bedeutender die Überschwemmungen vom 31. Januar 1862, welche derjenigen vom Jahr 1824 fast gleichkam, und vom 9. Februar 1867 und 26.—28. Dezember 1882, infolge raschen Schneegangs, bei welch beiden man im Bischof und in der Ledergasse mit Nachen fuhr.

Im allgemeinen übrigens erfreute sich die Stadt in Hinsicht auf die Gesundheitsverhältnisse, insbesondere im 16. Jahr hundert, eines guten Rufes. So zog z. B. Herzog Christoph kurz vor dem Tode seines Vaters auf Befehl des letzteren, weil die Pest zu Leonberg ausbrach, am 29. Oktober 1550 von dort nach Calw, und später weilten wegen Auftretens derselben in Tübingen hier vom Januar 1555 bis März 1556 die philosophische Fakultät, wobei von einem der Professoren im Schloß gelesen wurde, vom September 1594 bis Februar 1595 Teile der theologischen und insbesondere der philosophischen Fakultät, wobei die Stipendiaten im sog. Nonnenhaus einquartiert wurden, im J. 1610 wiederum die beiden genannten Fakultäten. Doch wird auch hier vom Auftreten der Pest berichtet, so für die Jahre 1501 und 1502, in welch letzterem Jahre gegen 500 Personen allda gestorben sein sollen, 1530, 1622, in welchem Jahre dieser Krankheit 233 Glieder der Gemeinde zum Opfer fielen, und für das auf das Unglücksjahr 1634 folgende Jahr, in welchem etwa 772 Personen an ihr verstarben. — Am 14. September 1600 wurde hier ein 108 Jahre alter Mann begraben. — Im Dezember 1875 wurden auf 4642 Einwohner 36 Irre gerechnet.

Im Jahre 1835 wurde bei Anlegung eines Bohrloches in der Gerberei des Fr. Schnaufer eine Quelle entdeckt, welche namentlich Salpeter und phosphorsaures Kali enthielt und deshalb zur Einrichtung eines Bades benützt wurde. Letzteres wird noch heutzutage von dem nunmehrigen Besitzer Heinrich Wochele, übrigens vorherrschend auf Grund des Besuches von Einheimischen, betrieben und besonders bei Rachitis und Skrophulosis erfolgreich gebraucht.

Kirche, Schule, Stiftungen.

In kirchengeschichtlicher Hinsicht war die hiesige, den h. h. Petrus und Paulus gewidmete Pfarrkirche ursprünglich ein Filial der alten Kirche zu Althengstett und wird im Jahr 1262 erstmals urkundlich genannt. Sie gehörte wohl von jeher zum Archidiakonat der h. Dreifaltigkeit und Landkapitel Weil des Bistums Speier. Als Pfarrrektoren werden z. B. genannt: 1275 ff. der Dekan Friedrich, 1285 der Magister Walther von Feuerbach, c. 1293 Gebhard, 1318—1357 Graf Otto von dem benachbarten Ebersteinischen Geschlechte, welcher das geistliche Amt durch einen Pfarrverweser verwalten ließ. Das Patronat ging von den Calwer Grafen auf die Württemberger (vor 1329) über. Allein am 23. Dezember 1342 verkaufte Graf Ulrich den hiesigen, sowie die Kirchensätze zu (Alt=)Hengstett und Altburg an Abt Wighard und das Kloster Hirsau. Den 20. September 1347 inkorporierte Papst Clemens VI. die Kirche zugleich mit derjenigen von Weilderstadt diesem durch Schulden schwer bedrückten Kloster, worauf genannter Graf Otto den 6. März 1357 zu Gunsten des Klosters auf die Pfarrei verzichtete und von nun an nur ein ständiger Pfarrverweser an derselben wirkte.

Weitere kirchliche Gebäude waren schon in katholischer Zeit: die St. Nikolauskapelle auf der äußeren Brücke: die Nachricht, Papst Leo IX. habe dieselbe eingeweiht, kann sich jedenfalls nicht auf den noch jetzt stehenden Bau beziehen, welcher ums J. 1400 entstanden sein und in welchem im J. 1435 der in diesem Jahre urkundlich genannte „h. Nikolausaltar auf der steineren Brücke" sich befunden haben mag;*) die Marienkapelle außerhalb der Stadtmauer auf dem jetzigen Brühl: sie ging bei dem Brand des J. 1634 zu Grunde; die St. Wendelskapelle unten in der Inselgasse: sie wird im J. 1452 genannt und ist schon

---

*) Diese Kapelle ist im J. 1863 durch Architekt Beisbarth und Maler Pilgram restauriert worden.

länger in eine Privatwohnung umgewandelt, welche jedoch noch
einen Teil des Chorschlusses und einen spitzbogigen Eingang zeigt;
die St. Sebastianskapelle oder das Hospitalkirchlein an der äußeren
Brücke auf der Stelle des nach ihrem Abgang im J. 1790 von
Bürgermeister Haßenmajer erbauten, nunmehr den Carl Dörten-
bachschen Erben gehörigen Hauses.

Geistliche Pfründen bestanden hier vor der Reformation
verschiedene. Solche stifteten z. B. am 26. Januar 1329
Schultheß, Ratmannen, Heiligenpfleger und gesamte Bürger-
schaft der Stadt auf den St. Nikolaus- und Catharinenaltar
der Marienkapelle unter Verwendung der Schwigger, dem Sohn
Konrads von Waldeck, des Stabelherrn, abgekauften Güter in
Holzbronn; am 30. April d. J. Konrad, genannt Waldvogt,
Ritter von Waldeck, um seines und seiner verstorbenen Ehefrau
Adelheid von Hohenstein Seelenheils willen, unter Ausstattung
mit Haus samt Scheuer in der Haitergasse und Garten bei der
Brühlwiese zu Calw, mit Gütern u. s. w. in Gechingen, Hengstett, Deufringen, Teinach, Münklingen, Nufringen und unter
der Verpflichtung, für sie und eine Reihe Verwandter Messen zu
lesen, auf den h. Kreuzaltar der Pfarrkirche; den 19. Oktober
1332 Trutwin von Hengstett und seine Frau Mechthilde auf
den St. Georgsaltar derselben Kirche. Gegen die Mitte des
15. Jahrhunderts treten uns neben der ständigen Pfarrverweserei
10 Pfründen entgegen: des h. Michael in der Pfarrkirche, der
Jungfrau Maria, der h. Dorothea, Johannes des Täufers in
der Marienkapelle, der h. Maria, zum h. Kreuz, des h. Georg
in der Pfarrkirche, Johannes des Täufers (eine zweite), der
h. h. Nikolaus, Catharina und Ottilie in der Marienkapelle und
des h. Nikolaus auf der Steinbrücke. Allein die vier ersteren
ernährten ihre Inhaber schon lange nicht mehr genügend, sodaß
dieselben öfters ihren Unterhalt auswärts suchen mußten; sie
wurden deshalb am 9. Juni 1435 durch den Speierer General-
vikar Wigand Trierer mit den sechs anderen, von welchen fünf
wie bisher durch den Abt von Hirsau, eine (zum h. Kreuze)
durch den von Herrenalb conferiert werden sollten, zusammen-
geworfen. Die Pfründner waren verpflichtet, dem Pfarrverweser

bei feinen Amtsverrichtungen behilflich zu fein und letzterer hatte
an fich nur noch einen Helfer; als jedoch die Stadt bald darauf
eine neue Pfründe auf den St. Michaelsaltar ftiften wollte,
wurde am 2. April 1452 unter Mitwirkung des Vogts von
Neuenbürg, des Probftes von Sindelfingen u. a. vergleichsweife
feftgefetzt, daß der Verwefer auf Grund diefer Stiftung und
einer Zulage des Abts von Hirfau einen zweiten „Helfer oder
Mietling" halten folle; zugleich mußte der Hirfauer Abt, welcher
bei dem Papfte die Erlaubnis herausgefchlagen hatte, eine jener
fünf Pfründen mit der Pfarrei zu vereinigen, hierauf verzichten,
und es wurde beftimmt, daß ftatt des Lämmer= und Kitzenzehnten
dem Pfarrer von jedem Stück ein Heller gegeben, von den
„Fällen" und dem „Beftrichgeld" meiftens der Heilige $^2/_3$,
der Pfarrer $^1/_3$ bekommen follte. Nach Beginn des 16. Jahr=
hunderts wurden zwei neue Altäre, der eine rechts auf dem
Boden zur Ehre der h. Anna, der andere auf dem Lettner zur
Ehre des h. Lorenz gebaut, fowie der Altar des h. Jakob von
der alten Sakriftei in eine befondere Kapelle neben dem Chor
unter der neuen Sakriftei verfetzt, und als der fpeirifche General=
vikar wegen der Weihung Schwierigkeiten machte, gelobten
Bürgermeifter, Gericht, Rat und Heiligenpfleger am 26. Juli
1516 an Eides Statt, daß je in 14 Tagen auf jedem diefer
drei Altäre zum mindeften einmal Meffe gelefen werden folle.

Sonft ift aus katholifcher Zeit noch folgendes zu erwähnen.
Die Pfarrangehörigen von Calw, wie von Hengftett und Alt=
burg, waren nach der Mitte des 14. Jahrhunderts aus nicht
näher bekannten Gründen dem Bann verfallen, von welchem fie
der Bifchof von Speier am 10. März 1361 befreite. Im
J. 1528 kommt ein Beguinenhaus dahier vor, welches fpäter
im J. 1590 als ein großes Eckhaus mit 4 Stuben, die Wohnung
der Schweftern St. Johannes des Evangeliften, im Nonnen=
gäßlein gelegen, bezeichnet wird. Von benachbarten Klöftern
hatten, abgefehen von dem bereits Erwähnten, Herrenalb und
Hirfau hier Befitz, erfteres erwarb z. B. 1277 ein Haus neben
dem Thor der Stadtkirche infolge einer Schenkung der Witwe
Adelheid Mörlin von Calw, letzteres bezog feit alters den großen

Zehnten, während in der Folge solchen von Neubrüchen seit 1553 die Herrschaft beanspruchte und der Pfarrer den kleinen und Heuzehnten hatte.

Sehr rasch fand die von Herzog Ulrich nach der Wieder-eroberung des Landes im J. 1534 eingeführte Reformation hier nicht allgemeinen Anklang. Noch gegen das Ende des Jahr-zehnts war der Vogt Hans Huß und der größere Teil des Magistrats katholisch und im J. 1569 wurden ein Mitglied des Gerichts, Alt-Ziegelhans und sein Bruder Veit, von welchen der erstere früher eine Tochter ins Kloster gesandt hatte und sich nun weigerte, sie aus demselben zu nehmen, der zweite einen Sohn hatte katholischen Priester werden lassen und welche beide am katholischen Kultus Teil nahmen, exkommuniciert, Hans zudem von seiner Gerichtsstelle entsetzt. Der erste evangelische Pfarrer, Hieronymus Kranz, früher Pfarrer zu Kreuzlingen im Thur-gau, war ein etwas schroffer Mann, welcher mit dem Vogt Streit bekam und den 27. Mai 1537 im herzoglichen Auftrag vom Marschall Thumb von Neuburg in Gegenwart des Vogts, des Bürgermeisters und des Stadtschreibers verhört und des Landes verwiesen wurde. Er fand einen tüchtigen Nachfolger in Markus Heiland, bisher in Gammertingen, welcher durch den noch katho-lischen Teil der Stadt gleichfalls viel zu leiden hatte, aber 11 Jahre lang blieb, eine lateinische und griechische Schule hier einrichtete, auch zu den Religionsverhandlungen in Worms, Hagenau und Regensburg 1540 ff. abgesandt wurde. Durch das Interim vom Mai 1548 wurde Abt Johann von Hirsau wieder in sein Amt gesetzt und „nach altem Gebrauch", nachdem er ge-huldigt, in Calw als Abt publiziert, Heiland floh nach Straß-burg, allein schon 1549 schrieben ihm seine Freunde mit Er-laubnis des Herzogs, er möchte nach Calw zurückkehren, er ver-sprach es, erkrankte aber und starb noch im gleichen Jahre zu Straßburg. Im Jahr 1551 beginnt sodann mit Heinrich Weifersreuter die ununterbrochene Reihe evangelischer Geistlichen. Von ihnen hatte die merkwürdigsten Schicksale Johann Sylvanus (1560—1562): in der Etschgegend bei Trient geboren, wurde er bischöflich-würzburgischer Hofprediger, trat in Württemberg

zum lutherischen Glauben über, wurde nach kurzer Versehung
der Calwer Pfarrei reformierter Geistlicher in der Pfalz und Inspektor zu Ladenburg, den 23. Dezember 1572 jedoch wegen
seines Kampfes gegen die Genfer Kirchenzucht und als Gottes-
lästerer in Heidelberg enthauptet. Der bedeutendste war Johann
Valentin Andreä 1620—1639 (s. u.).

Jn der Synobalordnung von 1547 wurden die Ämter
Calw, Wildberg und Nagold zu einem Kapitel und Dekanat mit
dem Sitz in Calw zusammengezogen, doch wurden die beiden
letzteren Ämter bald wieder davon getrennt. Das Calwer Dekanat gehörte minbestens seit 1577 zur Maulbronner General-
superintendenz, bis es im Jahr 1823 zum Tübinger Generalat
kam. Dem Stadtpfarrer, zugleich Dekan, stehen seit 1555
Diakone und standen in früherer Zeit (soweit bekannt 1558
bis 1635) auch Subbiakone zur Seite, welch' letztere zugleich meist
Kollaboratoren waren.

Jnfolge des schmalkalbischen Kriegs seines Landes etwa
9 Jahre lang verlustig, brachte der evangelische Graf Ludwig XV.
von Oettingen die meiste Zeit seines Weilens in der Fremde
in Calw zu, woselbst auch seine Gemahlin Salome, geb. Gräfin
von Hohenzollern, am 4. August 1548 starb und laut ihres dereinst im Chor der Kirche eingemauerten Grabsteins beerbigt
wurde. Der letztere wurde bei der Kirchenrestauration im J.
1884/7 im Fußboden des Chors wieder aufgefunden, aber entfernt, weil er sehr verdorben und in Brüche gegangen war, das
von ihm bedeckt gewesene, ausgemauerte Grab war leer und
enthielt nur wenige Reste Kleider und Lederwerk.

Anhänger des Calvinismus dahier wurden im Jahr 1595
von Herzog Friedrich außer Landes geschafft. Weiterhin fanden
auch in den achtbarsten Familien der Stadt Anklang die im
Anfange des 18. Jahrhunderts im Lande verbreiteten separa-
tistischen Strebungen, welche durch das Bedürfnis eines leben-
bigeren inneren Christentums entstanden waren. Es wirkten hier
in dieser Richtung namentlich der seines Amtes entsetzte Helfer
von Herrenberg, Sigmund Christian Gmelin, welcher sich einige
Zeit im Hause des Mose Dörtenbach aufhielt, und nach einigen

Jahren ein Bruder desselben, W. Chr. Gmelin, Hauslehrer im
Dörtenbachischen Hause. Der jüngere Gmelin griff zudem in
einer Schrift, welche auf Kosten der Herrenberger Obervögtin
von Leiningen zu Jbstein gedruckt wurde, die Landeskirche insbesondere wegen der Verwaltung der Sakramente an und feierte
zu Calw im Kreise vertrauter Freunde durch Brechen des Brotes
und Austeilung des Weines ein christliches Liebesmahl. Es kam
im J. 1712 und 1713 zu kommissarischen Untersuchungen, welche
auf behutsame sanfte Weise die kirchliche Zwietracht hoben; die bezüglichen Calwer wurden vom Stadtmagistrat als die besten, ge-
horsamsten und getreuesten Unterthanen sehr gelobt, dagegen
wurde Gmelin des Landes verwiesen, anderseits aber auch
der Spezial, welcher durch seine Predigten viele nicht befriedigt,
öfters sogar sittlichen Anstoß gegeben hatte, versetzt.

Zur Geschichte kirchlicher Bauten und Anlagen ist seit
Einführung der Reformation außer dem bereits Erörterten noch
Folgendes zu bemerken: Auf Andreäs Betreiben wurde im J.
1627 und 1628 die Stadtkirche durch Malereien, welche um
800 fl. kosteten, verschönert und zur Aufnahme weiterer 1000
Menschen, die in Ruinen liegende Spitalkirche zum Predigen eingerichtet. Der mit Andreä eng verbundene Christoph Demmler,
welcher im J. 1638 zu Cannstadt verstarb, trug bei der Stadtkirche fast die Hälfte der Kosten, welche überhaupt durch freiwillige Beiträge weniger Bürger gedeckt wurden. Die Spitalkirche dagegen wurde durch einen anderen Freund Andreäs,
Johann Jakob Dörtenbach, welcher gleichfalls im J. 1638 auf
einer Reise zu Nürnberg verschied, wieder hergestellt und auf
Kosten von Peter Walters Erben ausgeziert. Verwandt wurden
bei diesen Arbeiten die Maler Jakob Spiegler und Leonhard Hag
(Hay, Hagius), der Bildhauer Michael Strobel, der Schreiner
Jakob Stahl und der Steinmetz Georg Handmann. Beim Kirchen-
bau nach dem zweiten Brande fiel am 22. Oktober 1694 beim
Aufschlagen des Dachstuhles der oberste Teil des Gebälkes um, so
daß etliche 30 Personen bei 60 Schuh hoch herunterstürzten,
glücklicherweise jedoch nur eine Person, „so ein fremder Papistischer
war“, tödlich verwundet wurde, auch nach einigen Tagen starb,

während sonst nur wenige unbedeutend verletzt wurden, alle anderen nicht den geringsten Schaden litten.

Da der Bau des Jahres 1694 in der Eile und notdürftig aufgeführt worden war, zeigte die Kirche schon in den 1840er Jahren Spuren von Baufälligkeit, weshalb im J. 1860 mit Gründung eines Kirchenbaufonds begonnen wurde. Im J. 1869 wurde, da eine Schenkung des Kommerzienrats G. Dörtenbach und seiner Söhne Georg und Paul im Betrag von 19000 fl. ermutigte, die Restauration beschlossen, die Ausführung aber wieder verschoben, weil sich die Notwendigkeit eines umfassenderen Umbaus zeigte. Durch weitere größere und kleinere Schenkungen hiesiger Einwohner und auswärts wohnender Freunde, sowie des Färberstifts wurden an freiwilligen Gaben gegen 200,000 Mark zusammen gebracht. Die Ausführung des Bauwesens wurde im J. 1884 nach einem Plan des Baurats Berner in Stuttgart begonnen und unter dessen Oberleitung durch Baumeister R. Raisch vollzogen. Dadurch, daß Chor und Sakristei einer umfassenden Erneuerung unterworfen und verschiedene Bauobjekte neu hergestellt wurden, gestaltete sich die Restauration übrigens fast zu einem Neubau. Derselbe wurde in rein gotischem Stil — den Formen des im 14. Jahrhundert gebauten Chors angepaßt — als Hallenkirche mit massiven Hochschiff- und Seitenschiffgewölben ausgeführt. *)

Nachdem früher der Kirchhof um die Kirche herum gelegen gewesen war, weihte im J. 1503 der Speierer Weihbischof Heinrich Schertlin aus Leonberg den neuen Kirchhof „zur Kapelle". Ums J. 1618 schenkte Catharina Heyd, welche ein Alter von 100 Jahren erlebte, ihren unfern der großen Linde gelegenen Acker der Stadt zu einem Begräbnisplatz und wurde als die erste daselbst beerdigt. In den Jahren 1719 und 1835/40 fanden Erweiterungen dieses unteren Kirchhofs statt.

---

*) Die Länge der Kirche beträgt, einschließlich des Chors mit c. 15,30 m Länge, 55 m, die Breite des Chors 9,20 m, des Langhauses 17 m, beziehungsweise samt Paradieschen 24 m, die Lichthöhe im Seitenschiff 10,50 m, im Hochschiff und im Chor 14,50 m, der Kubikinhalt des lichten Raumes der Kirche 8000 Kubikmeter. Der Gesamtaufwand belief sich auf 265,000 Mark.

Im J. 1867 wurde, weil 400—500 katholische Eisenbahn=
arbeiter in der Gegend arbeiteten, der Rathaussaal für den
katholischen Gottesdienst eingeräumt und am 7. Juli dieses Jahres
fand zum erstenmal seit drei Jahrhunderten wieder katholischer
Gottesdienst dahier statt. In den Jahren 1885/86 wurde so=
dann eine katholische Kirche aus Beiträgen des Staats und des
Landesbischofs sowie von Privaten erbaut, im J. 1887 eine stän=
dige katholische Stadtpfarrverweserei für die Katholiken aus meh=
reren Gemeinden der Oberämter Calw, Neuenbürg und Nagold
errichtet.

Für die seit dem Jahre 1868 ziemlich zahlreichen Metho=
disten wurde im J. 1870/71 eine Kapelle gegründet.

Eine Schule befand sich hier, wie die Bezeichnung Schul=
gasse beweist, schon im J. 1529. In den 40er Jahren des 16.
Jahrhunderts wird eine lateinische und griechische Schule dahier
genannt. Im J. 1827 wurde vorübergehend bis zum J. 1831
und dann definitiv im J. 1838 eine Realschule, 1855 eine ge=
werbliche Fortbildungsschule, 1865 eine Zeichenschule gegründet,
1867 die seitherige Privatmädchenschule in eine öffentliche Mittel=
schule umgewandelt, eine Frauenarbeitsschule im J. 1874 eröffnet,
1877 ein 8 klassiges Reallyceum errichtet.

Bei dem vielfach regen religiösen Sinn der Einwohner der
Stadt konnte es, zumal da ihre Familien sich zum Teil längere
Zeit hindurch eines beträchtlichen Wohlstandes erfreuten, nicht
fehlen, daß manche Stiftungen zu kirchlichen, Schul=, Armen=
oder wohlthätigen Zwecken überhaupt gegründet wurden.

So wird, um der wichtigeren Institute dieser Art zu ge=
denken, in den Jahren 1461 und 1487 ein hiesiges Armenhaus,
im J. 1479 ein unterhalb der Marienkapelle nahe der Nagold
gelegenes Gutleut= oder Siechenhaus erwähnt. Namentlich aber
stiftete ums Jahr 1494 der Kaplan an der St. Johannespfründe
in der Marienkapelle, Ludwig (Brun) Braun, Sohn des Calwer
Bürgers Jakob Braun, 200 fl. für Erbauung eines Spitales,
welches unter Mitwirkung weiterer Bürger und Einwohner der

4

Stadt wirklich ins Leben trat. Es befand sich zuerst außerhalb
der Altstadt bei der steinernen Brücke über die Nagold, wo jetzt
das Bildhauer Staubsche Haus steht, in einem Gebäude, an
welchem noch in späteren Jahrhunderten über einem Portal
„Herr Ludwig Brun von Herrenberg, Anheber des Spitals im
Jahr 1495" zu lesen gewesen sein soll. Im Beginn des folgenden Jahrhunderts erhielt es eine beträchtliche Vermehrung seines
Vermögens, indem der Wildberger Bürger Hans Kussenpfennig
und seine Tochter Magdalena der jungen Stiftung am 30. August 1501 400 fl. und 20 Pfd. Heller, sowie noch weitere 560 fl.
— daneben der Pfarrkirche eine Monstranz im Werte von 352 fl.
zuwandten. Den 15. März 1496 bestimmte der bereits genannte
Braun noch weiter von einer jährlichen Gült im Betrage von
70 fl. bei dem Kloster Zwiefalten 40 fl. zur Gründung einer
ewigen Kaplanei in die Kapelle des Spitals, die übrigen 30 fl.
teils für Schüler und Studierende, teils zu Hochzeitsgeschenken
für seine Verwandte. Gemäß späterer Entwickelung letzterer
Stiftung darf sie in keinem Falle unter 10,300 Mark fallen
und werden von ihr Stipendien für 3 auf der Universität
Tübingen Studierende im Betrage von je 55, zusammen 165 Mark,
für 7 Schüler vom 8.—16. Lebensjahre zusammen in dem Betrage von 111 Mark, Hochzeitsgeschenke im Betrage von 100 Mark
jährlich gegeben. Das Vermögen der Stiftung betrug am 1. April
1886 12,595 Mark.

Noch ehe die Stürme des 30jährigen Krieges diese Gegend
unmittelbar trafen, errichteten Johann Valentin Andreä, welcher
auf einer Reise über einer Mahlzeit bei Scherzheim (unweit Bühl
am Rhein) hiezu den ersten Grund legte, und 12 weitere Einwohner der Stadt aus den Familien Demmler, Kleinbub, Walter,
Dörtenbach, Schill, Zahn, Schauber, Stuber, Geißel, Metzger
am 12. November 1621 eine Gesellschaft, welche ursprünglich
die „Christliche Gottliebende Gesellschaft" hieß, in der Folge jedoch, weil der größte Teil der Stifter der Färbercompagnie
angehörte, Färberstift genannt wurde. Später traten zu den
genannten noch 5 weitere Mitstifter, namentlich aus den Familien
Rothfelder, Mayer und Wagner, hinzu. Zwar sind die Statuten

dieser Stiftung, welche unter dem letzteren Namen noch heut=
zutage blüht, im Verlaufe der Zeit im einzelnen mehrfach geändert
worden, allein sie dient auch noch jetzt teils den Zwecken von Kirche
und Schule, der Beförderung christlicher Anstalten, teils den
Nachkommen der Stifter, welche Stipendien zum Studium der
Theologie und im Falle der Armut jährliche Gratialien sowie
Lehrlingsbeiträge erhalten. Sie betrug ursprünglich 7100 fl.,
besaß jedoch unter Einschluß einer mit ihr unter bestimmten
Modifikationen verbundenen Dörtenbach=Zahnschen Stiftung am
31. Dezember 1886 ein Vermögen von 228,000 Mark.*)

Da der Raum im bisherigen Armenhaus, welches eigent=
lich für alte gebrechliche Arme bestimmt war, aber auch als
Krankenhaus diente, für Stadt und Amt nicht mehr genügte,
wurde besonders auf Betreiben des Oberamtsarztes Dr. Müller
und des Fabrikanten Adolf Stälin im J. 1858 der Bau eines
eigenen Krankenhauses für die Stadt angeregt, dasselbe durch
reiche Beiträge, namentlich der Familien Stälin, Dörtenbach,
Gärtner, Schauber, Wagner, sowie des Färberstifts ermöglicht
und im J. 1860 eröffnet.

Am 15. Oktober 1868 stiftete der Teilhaber des Bank=
hauses Dörtenbach und Co. in Stuttgart, der königl. niederländische
Generalkonsul Emil (v.) Georgii, welcher den 1. Dezember 1820
als Sohn des Kaufmanns und fürstenbergischen Bergrats Eber=
hard Heinrich Georgii und einer Tochter des Compagniever=
wandten Mose Dörtenbach dahier geboren wurde, in Gemein=
schaft mit seiner Gattin Sophie Emilie geb. Gärttner, ein eigenes
Gebäude dahier, in welchem durch eine, Jedem zugängliche Biblio=
thek mit Konversations= und Lesezimmer, sowie durch öffentliche
Vorträge die allgemeine Bildung gefördert, auch in den hiefür
bestimmten Räumen der Zeichen= und Modellierunterricht erteilt
werden sollte. Der stattliche von Oberbaurat (v.) Egle in Stutt=

---

*) Christoph Demmler insbesondere, welcher die größten Beiträge
lieferte, bestimmte in Verbindung mit dieser Stiftung eine eigene Summe
zur Erhaltung des Denkmals, welches er im Walde zwischen Stuttgart
und Magstadt unweit des Bruderhauses an der Stelle errichten ließ, wo
sein junger Sohn Veit am 10. Juni 1621 auf der Rückreise von der Nörd=
linger Messe in seiner Begleitung rasch verschied.

gart ausgeführte Bau, das Georgenäum, wurde am 27. Mai
1871 der Stadt übergeben und eingeweiht, und nahm später auch
die Frauenarbeitsschule auf. Neben diesem Bau, der mit der Einrichtung und dem in öffentliche Anlagen umgestalteten Garten
auf 60,000 Gulden zu stehen kam, stiftete Georgii, welcher in
der Folge im J. 1870 wegen seiner Vorfahren und seiner
eigenen Verdienste um Haus und Land Württemberg unter dem
Namen von Georgii-Georgenau in den erblichen Adelsstand erhoben wurde, noch ein Kapital von 2000 Gulden, aus dessen
Erträgnissen jährlich gutpräbizierte Arbeiter prämiiert werden
sollen, und von 16,000 Gulden, deren Zinsen zur Erhaltung
des Stiftungsgebäudes, der Bibliothek, zur Prämiierung von
Zeichen- und Modellierarbeiten zu verwenden sind.

Zur Geschichte der Gewerbe und des Handels sowie des Verkehrswesens.

Es war ein Märchen, das sich der Verfasser eines Handbuchs der Länder-, Völker- und Staatenkunde vom Ende des vorigen Jahrhunderts aufbinden ließ, wenn derselbe berichtet: bei Calw gebe es Äcker, die so steil seien, daß die Leute bei der Bearbeitung sich mit Stricken hinaufziehen und befestigen müssen; allein immerhin mögen die Einwohner der Stadt durch die, von steilen und bewaldeten Abhängen umschlossene Lage der letzteren und dadurch, daß die Erzeugnisse des Bodens in der näheren Umgebung zur Erhaltung einer städtischen Bevölkerung nicht genügten, schon frühe auf das Aufsuchen anderer Erwerbsquellen, auf Gewerbe und Handel, hingewiesen worden sein. Während daher aus älterer Zeit in Bezug auf Landwirtschaft und Viehzucht hierselbst fast nur die Ordnung vom 12. März 1590 zu erwähnen ist, welche Bestimmungen über die Erlaubnis, Ziegen halten und weiden zu lassen, gab, so möchte wohl für eine gewisse Handelsthätigkeit am Orte überhaupt der Umstand sprechen, daß bereits im Jahr 1281 Juden hier wohnten und bedeutende Geldgeschäfte betrieben. Und zwar ist Calw die erste Stadt Altwürttembergs, in welcher dies der Fall war.

Um der Gewerbsthätigkeit und einzelner spezieller Gewerbe sowie des Handels aus früheren Jahrhunderten zu gedenken, so wird eine Walkmühle im J. 1327 erwähnt. Sie erscheint in der Folge als die alte „Walkmühle im Weiler", nachdem ihr gegen Ende des 15. Jahrhunderts vom Tucherhandwerk eine zweite, die obere, unterhalb des Pfaffenbrunnens, Kentheim zu gelegen, zur Seite gestellt worden war. Eine Schleifmühle am Rudelsberg kommt seit dem J. 1461 vor und an der Stelle einer z. B. 1565 genannten, in der Folge aber abgegangenen Kupferschmiede oder Kupfermühle hinter dem Rudelsberg erscheint im J. 1590 eine Lederwalkmühle, welcher noch

eine zweite, in der äußeren Vorstadt neben der oberen Mahl=
mühle gelegene entsprach. Weiterhin werden schon im J. 1461
drei Mahlmühlen angeführt, eine obere, in der äußeren Vor=
stadt, eine mittlere und eine untere am Schloßberg gelegene,
sämtlich Erblehen der Herrschaft und im Besitze Hans Clencks,
Konrad Essichs, Jakob Müllers.*) Im J. 1624 waren hier
noch die 3 herrschaftlichen, der Vogtei zinsbaren Mahlmühlen,
dagegen bereits 4 Walkmühlen: die untere zunächst an der Stadt
bei St. Wendel, die obere unter dem Pfaffenbrunnen, eine bei
der oberen Mahlmühle, eine oberhalb am Fuße des Rudelsbergs,
sämtlich der Kellerei zinsbar, wozu noch die Schleifmühle an der
Nagold hinter dem Rudelsberg und eine Lohmühle bei der
unteren Walke kamen.

Eine Fischordnung, welche die Rechte der Fischer sowohl
als der Städter, den Verkaufspreis der Fische u. s. w. genau
ordnete, wurde von der Stadt und den Fischern, drei Gebrüdern
und Vettern Schüdel von Calw, den 18. August 1517 aufge=
richtet. — Eine neue Gerberordnung erließen Vogt und Gericht
auf Bitte der verordneten Mühlmeister Sebastian Käuffelin und
Leonhard Volz, sowie der Lohgerber aus den Familien Ziegler,
Koller, Volz, Huß, Pfost, am 2. Januar 1559. — Eine Apotheke
wurde hier spätestens im Anschluß an Herzog Christophs sog. große
Kirchenordnung vom 15. Mai 1559 gegründet, welche Calw zu
einem der vier Landesphysikate bestimmte und die den betreffen=
den Ärzten beigegebenen Apotheker von Fronen, Wachen und
Pflegämtern befreite, ihnen auch neben „ihren Materialien und
Simplizien“ Spezereien feil zu halten gestattete. Im J. 1634
wird der Jacobäuschen Apotheke dahier gedacht und am 10. Ja=
nuar 1659 erhielt der damalige Inhaber des Geschäfts, Martin
Sigwart, um dieses mehr in Aufnahme zu bringen, nicht nur

---

*) Streitigkeiten zwischen den Müllern und der Stadt in Bezug auf
die Freiheiten und Rechte der drei Mahlmühlen wurden den 28. November
1497 durch Landhofmeister und Räte Herzog Eberhards, den 30. April
1505 durch Hofmeister Kanzler und Räte Herzog Ulrichs, solche zwischen
Melchior Martin von wegen seines Zinsgutes der Walkmühle und den
Meistern des Tucherhandwerks einer= und der Stadt andererseits eines
Wehrs und Flözens halb am 26. Septbr. 1551 schiedsrichterlich beigelegt.

etwaigen anderen Apotheken, sondern namentlich den ihm schäd=
lichen Krämern gegenüber für Stadt und Amt Calw, sowie für
die drei Bäder Teinach, Liebenzell und Wildbad ein Privilegium
mit Ausschließungsbefugnis. (Später erscheinen im Besitz der
hiesigen Apotheke die Familien Gärtner, Gaupp, Federhaff,
Stein, und im J. 1808 wurde eine zweite von Epting, später
Dreiß, Ruthard, Müller, Seeger errichtet, an welche sich in
der Folge weitere in Liebenzell, Wildbad und Teinach an=
reihten.)

Der vor alters „am Brüel bei Unſer Lieben Frauen
Kapellen" abgehaltene Markt, welcher wohl ſchon ſtark beſucht
war, wurde nach der Mitte des 15. Jahrhunderts in die Stadt
verlegt, als die letztere „zu Nutz und Frommen dem gemeinen
Mann, der die Märkte zu beſuchen pflegt, und daß die Jahr=
und Wochenmärkte nicht ab=, ſondern zunähmen," auf eigene
Koſten ein neues Rat= und Kaufhaus baute. Graf Ludwig d. J.
von Württemberg gab am 5. Auguſt 1454 zugleich im Namen
ſeines noch minderjährigen Bruders Graf Eberhards (im Bart)
der Stadt die Erlaubnis, die Nutzung aus dieſem Hauſe für ſich
zu beziehen und mit Wiſſen und Willen der herrſchaftlichen Amt=
leute zu ihrem Beſten, namentlich zum Bauen zu verwenden und
behielt ſich nur diejenige der Kornſchütte auf demſelben vor. Zu
jenem Zweck wurden die Taxen feſtgeſetzt, welche die einzelnen
Händler oder Gewerbsleute: als Händler mit Tuch, Zwilch oder
Leinen, Schleiern (Kopftüchern), die Gerber, Schuhmacher, Sälzer,
Verkäufer von Eiſen, Häringen, Berniſch Leder, Korn, die
Metzger, Bäcker, insbeſondere von ihren Ständen oder Bänken
an der Kirchweihe und den Jahrmärkten zu entrichten hatten,
wobei die Gäſte oder Ausleute meiſt das Doppelte von den
Bürgern zu zahlen hatten. Nach der Zollordnung des Lager=
buchs von 1523 war die Stadt der gewöhnliche Markt für eine
Anzahl Ortſchaften inner= und außerhalb des Amtes und ent=
richteten dieſelben der Regierung ſtatt des „Pfundzolls" je von
einem Hauſe 1—3 Viertel Zollkorn, eine Abgabe, die alljährlich
an den Meiſtbietenden verliehen wurde und ungefähr 70 Pfd.
Heller eintrug. Die Fronwage gehörte der Herrſchaft, die Stadt

aber hatte das Gebäude derselben zu unterhalten; auf ihr mußte
alles, was ein Gewicht von 25 Pfd. überstieg, gewogen werden,
wofür vom Zentner 4 Heller Waggeld bezahlt wurden.

Ums Jahr 1602 fanden hier 4 Märkte statt: am Dienstag
nach Invokavit, Samstag vor der Kreuzwoche, an Kreuzerhöhung,
an Nikolaus. In späteren Zeiten hatte die Stadt das Recht,
5 Flachs-, Vieh- und Krämermärkte zu halten, wozu jeden Samstag ein Viktualien- und Fruchtmarkt, sowie seit 1872/84 noch
4 weitere Viehmärkte, seit 1867 jeden Mittwoch ein weiterer
Viktualienmarkt kommen.*)

Vor allem aber blühte hier frühe, das Wollzeuggeschäft
und in Verbindung mit ihm die Färberei und der Zeughandel,
Geschäftszweige, welche im Verlaufe der Zeit für etwa 1 ½ Jahrhunderte in der

Calwer Färber- oder Zeughandlungs-Compagnie

oder der Calwer Compagnie schlechthin („Mayer, Wagner und
Walter", später „Mayer, Schill und Comp.", „Mayer Schill
e compagnia di Calw") eine über die Grenzen Deutschlands
hinausgehende Bedeutung erlangen sollte.

Daß die Fugger von Augsburg während der österreichischen
Herrschaft in Württemberg (1520—1534) eine Wollspinnerei im
Calwer Amt errichtet haben, wird zwar berichtet, steht jedoch
nicht fest. Dagegen wurden schon um 1540 viele Zeuge in
Calw und Umgegend gefertigt und stark nach auswärts gehandelt,
auch in der Landesordnung Herzog Christophs vom J. 1567 die

---

*) Verkauft wurden z. B. am 16. Februar 1796: 188 Pferde (um
24,151 fl.), 269 Paar Ochsen (um 65,372 fl.),, 30 einzelne Ochsen und
Stiere (um 1801 fl.), 94 Kühe (um 5,290 fl.), 26 Kälber (um 805 fl.),
mit einem Gesamtumsatz von 97,419 fl.; im J. 1806 am 25. Februar:
140 Pferde (um 9,429 fl.), 291 Paar Ochsen (um 40,501 fl.), 63 Kühe
(um 2,151 fl.), 23 Rinder (um 493 fl.); am 13. Mai: 101 Pferde (um
6,652 fl.), 230 Paar Ochsen (um 35,410 fl.), 155 Kühe (um 5,911 fl.),
62 Rinder (um 1,716 fl. 12 kr.); am 9. Dezember: 55 Pferde (um 3,420 fl.),
97 Paar Ochsen (um 13,236 fl.), 99 Kühe (um 3,275 fl.), 62 Rinder (um
1510 fl.); am 17. Mai 1814: 51 Pferde (um 7,758 fl.), 291 Ochsen
(um 23,570 fl.), 131 Kühe (um 5,293 fl.), 62 Rinder (um 1686 fl.),
2 Kälber (um 9 fl.); im Verlauf des J. 1884: 571 Pferde, 5,461 Stück
Rindvieh; des J. 1885: 465 Pferde, 5,251 Stück Rindvieh.

Calwer Tücher besonders hervorgehoben. Nach späteren Angaben
nahm das Handwerk der Engelsaitweber dahier ums J. 1570
seinen Anfang und in der That erließ Herzog Ludwig am
25. September 1589 speziell für die Calwer Engelsaitweber
eine Ordnung, welcher im J. 1608 eine Zeugmacher= oder
Knappenordnung, den 22. Mai 1612 eine neue allgemeine Engel=
saitweberordnung für die Ämter Calw, Böblingen, Herrenberg,
Wildberg, Sindelfingen und den hirsauischen Flecken Stammheim
folgte. In letzterer werden Acht=, Neun=, Zehn= und Elfbund,
Grobgrün, Macheier als Fabrikate genannt. Im Wendepunkt
des 16. und 17. Jahrhunderts trat ein starker Aufschwung des
Wollegewerbes und in Verbindung damit der Färberei und des
Handels ein. So wurden nach verschiedenen Angaben im J.
1595 etwa 300 Weber und Tuchmacher, im J. 1601 200 Wolle=
weber in der Stadt gezählt, darunter allerdings 60 arme, und
im J. 1603 heißt es: die Stadt sei viel mehr denn halb mit
Webern besetzt, man spinne, webe und färbe dahier so schön als
irgend sonst wo; die Kunstfarben schwarz, gelb, grün, grau, braun,
blau, rot, und deren Mischungen werden aus Frankreich und
Spanien bezogen und die Messen zu Straßburg, Frankfurt und
Nördlingen besucht. Weiterhin war im J. 1634, wie Andreä be=
richtet, im hiesigen Wollbetrieb seit etwa 20 Jahren durch ver=
besserte und verfeinerte Verfertigung der Zeuge verschiedener
Arten, durch bessere Ausrüstung, Färben und Pressen, insbesondere
wenige Jahre vor dem Brande der Stadt, durch die Bemühungen
des Italieners Julius Cäsar Crollalanza von Piacenza das
Krämpeln, Weben und Färben auf eine höhere Stufe gebracht
worden. Letzterer selbst, mit welchem die Stadt seit einiger Zeit
Handelsbeziehungen unterhielt, rühmte sich dem Herzog Johann
Friedrich gegenüber ums J. 1620, er habe in ihr zu den alten
Stoffen Engelsait, Machaier, Naypont hin die Fertigung von
Zehnbund, die niederländische, italienische auch englische Kunst=
fertigkeit im Würken und Färben, das Würken in 2, 3 und 4
Farben, die Fertigung von gemengten Zeugen durch Mischung
von Wolle, das Waschen der Wolle mit Seife, daß sie rein und
weiß bleibe u. a. eingeführt, habe auch selbst durch Reisen in

den Niederlanden und Frankreich Arbeiter hierher bezogen; allein
es kam zu Zwistigkeiten zwischen ihm und den Färbern, von
welchen übrigens Christoph Demmler selbst über die schlechte
Arbeit der Zeugmacher bittere Klage führte, und wie bedeutend
Crollalanzas Verdienste im einzelnen gewesen, muß dahin gestellt
bleiben. Im J. 1615 werden als von den Calwer Händlern
schon länger besucht noch weiter die Messen oder Jahrmärkte
von Ulm, Augsburg, Nürnberg, im J. 1618 von Worms, Leipzig,
1622 von Naumburg und Zurzach genannt und im letzten Jahre
gingen auch nach Italien, Österreich und Polen von 14 zu 14
Tagen Sendungen ab. Der Handel war damals so gewinnreich,
daß z. B. Hans Schauber, welcher früher ein gemeiner Knappe
gewesen und mit entlehnten 100 fl. angefangen, nach Verfluß
weniger Jahre im J. 1620 bereits 24,000 fl. besaß und der
öfters genannte Christoph Demmler, welcher im J. 1614 mit
ungefähr 2000 fl. Vermögen angefangen hatte und in der Folge
an der Spitze der Calwer Händler stand, im J. 1622 auf
100,000 fl. geschätzt wurde, ein Vermögen, das ihm jedoch zu
erhalten nicht glückte. Gerade um diese Zeit wurden übrigens
die Calwer Färber und Händler bezüchtigt, durch ihren Handel
schlechtes Geld ins Land einzuführen, und kamen deshalb in
Untersuchung. Nach Andreäs Bericht waren sie, die besten Bürger
der Stadt, auf Betreiben des Vogts Jakob Bestlin, eines un-
gerechten, leichtfertigen Mannes bereits, ohne daß man auf ihre
Bitten gehört hätte, zu einer Geldstrafe von 17,670 fl. verurteilt worden, als es Andreä in Verbindung mit Benjamin von
Bouwinghausen zu Altburg gelang, die Strafe rückgängig zu
machen; nach einem anderen Berichte verglich sich der Herzog mit
ihnen, daß sie das schlechte Geld wieder aus dem Lande schafften.
    Im Jahr 1622 fertigten die Engelsaitweber Grobgrün,
Neun-Zehn-Bund, auch Machaier, Engelsait und drgl. und verkauften diese Stoffe nach der Taxe, welche jedesmal von Vogt,
Bürgermeister und Gericht bestimmt wurde, den hiesigen Färbern
und Handelsleuten. Die Taxe betrug z. B. im Juli d. J. für
ein Stück zu 41 oder 42 Ellen bei Engelsait 2 Reichsthaler,
Machaier 2 desgl., Rauhweiß-Grobgrün 2½ desgl., Schiler

Grobgrün 2¹/₂ Reichsthaler 2 fl., Schiler Machaier 2 Rthlr. 1 fl.
15 kr., weißen Zehnbund 4 Rthlr. 1 fl., zweifarbigen Zehnbund
4¹/₂ Rthlr. 1 fl., zweifarbigen Schafgrau, wobei kein gefärbtes
Garn 4¹/₄ Rthlr. 1 fl. 30 kr.. Doch mußte diese Taxe bei
der großen Preissteigerung der Wolle schon im Oktober b. J.
geändert werden, so daß z. B. ein Stück Engelsait jetzt zu
2 Rthlr. 1 fl. 30 kr., 1 Stück Schiler Machaier zu 2 Rthlr.
2 fl. 45 kr. bezahlt wurde.

Von besonderer Wirkung wurde nun aber diejenige Ver=
bindung zwischen den Zeugmachern oder Knappen einer= und
den Calwer Färbern und Händlern, der Compagnie, anderer=
seits, welche die Moderation genannt wurde und deren Knoten=
punkt darin bestand, daß die Zeugmacher von Calw sowohl als
von einer Reihe benachbarter Bezirke ausschließlich für die Com=
pagnie zu arbeiten und derselben ihre Fabrikate zum Kauf an=
zubieten hatten, während die letztere diese Waren nach vorge=
nommener Schau um einen gewissen regulierten Preis abzukaufen
verbunden war: eine bei der damaligen Organisation des Ge=
werbelebens überhaupt nicht so sehr auffallende Erscheinung.
Sie hat sich übrigens nicht alsbald mit der ganzen scharfen
Gliederung, die ihr in der Folge eigen war, entwickelt. So
stand das Societätsverhältnis der Färber und Händler anfangs
noch nicht so klar fest, wie später. Im ersten Viertel des
17. Jahrhunderts (1618 ff.) nannten sich auf Seite der Färber
und Händler stets einige „Calwer Bürger und Engelsaithändler"
oder „Handelsleute" mit Namen und führten dabei den Beisatz
„und Consorten", im J. 1626, in welchem die Errichtung eines
Kaufhauses beschlossen wurde, kommt erstmals der seit 1648
zunächst übliche Name „Färbercompagnie" gesamter Färber und
Handelsgenossen, im J. 1722 mindestens derjenige Mayer,
Schill u. Komp. vor. Auch der Bann der Färber und Händler
gegenüber den Zeugmachern erscheint anfangs noch nicht so strenge
ausgesprochen; wenn jedoch Andreä davon spricht, daß seit Be=
ginn des 17. Jahrhunderts infolge engeren Anschließens der
beteiligten Personen aneinander der Aufschwung des Geschäfts
erfolgt sei, so erscheinen sicher im J. 1622 die Ämter Herren=

berg, Wildberg, Nagold, Böblingen und Sindelfingen (1642 auch noch Altensteig, 1648 Haiterbach, 1658 Liebenzell und Hirsau) als bei der Sache beteiligt und läßt sich von nun an auch der Bann gegenüber den Zeugmachern bestimmter nachweisen. Im J. 1650 endlich wurde durch den Vergleich vom 2. September dem ganzen Verhältnis ein bestimmterer Charakter gegeben, und beteiligten sich beim Abschluß desselben Angehörige der Familien Mayer, Wagner (2), Zahn (3), Walter, Riele (Rühle), Linken-heil, Schill, Geißel (3), Demmler (4), Dörtenbach (2), Stuber, Gsrörer, Kleinbub, Schauber — Namen, welche neben Rothfelder schon früher und meist, aber nicht durchaus, bis ans Ende der Gesellschaft in ihr vertreten sind, indem immerhin manche Aus-tritte aus derselben erfolgten. An diesen Vergleich lehnten sich die Färberordnung vom 1. November d. J., die Grundlage der späteren Verfassung, und eine Abänderung der Engelsaitweber-ordnung des J. 1612 an.

Trotz des langen Bestehens der nunmehrigen Verbindung war dieselbe nie ausdrücklich für einen größeren Zeitraum fest-gesetzt und waren die bezüglichen sich stets wiederholenden Ver-abredungen und Verträge vielfach sehr vorübergehender Natur. Auch gab es unausgesetzt eine Menge von Verdrießlichkeiten und Streitigkeiten, namentlich zwischen den Zeugmachern oder Knappen, welche z. B. im J. 1652 behaupteten, die Sklaven der Händler zu sein, und sich des Selbsthandels (der sogenannten Stümplerei) nur ungerne enthielten, andererseits aber doch, insbesondere in schweren Zeiten, ihren Nutzen davon hatten, wenn sie für ihre Waren sichere Abnehmer in der Nähe fanden. So war denn wiederholt selbst von Aufhebung der Verbindung die Rede. Allein die Regierung, welche wegen des Verdiensts, den die Compagnie ins Land brachte, lebhaftes Interesse an der Erhaltung und besseren Organisation der Gesellschaft hatte und sie der Ober-inspektion des Calwer Oberamts unterstellte, trat durch Kom-missionen, Deputationen, Rezesse, z. B. vom 28. Juli 1685, durch Mitwirkung bei Vergleichen, deren ältester von 1624, neuester vom 27. Februar 1750 datiert, durch General- und Spezial-reskripte, z. B. jenes vom 3. Juni 1750, durch Ordnungen und

Privilegien, so insbesondere diejenigen vom 2. Juni 1668, das erste Privileg mit Ausschließungsbefugnis, und vom 26. Februar 1737, stets nach Kräften ins Mittel, gewährte auch vielfach den thatsächlich begründeten Verhältnissen die landesherrliche Sanktion, so daß der Verband bis gegen Ende des vorigen Jahrhunderts aufrecht erhalten blieb.

Was die Bedeutung und Ausdehnung des Geschäfts um die Zeit seiner engeren Begründung betrifft, so berichtet Andreä fürs J. 1634, zwei Drittel der Calwer Handwerker seien Zeugmacher, von der Stadt hängen 1200 solcher Arbeiter rings herum und ebensoviele, ja wohl noch mehrere 1000 Spinnerinnen ab; wie viele Wolle Württemberg in einem Jahre erzeuge, so viel werde zu Calw in 3 Monaten verarbeitet; was nicht das Land selbst biete, werde auswärts, selbst in den Niederlanden, Böhmen, Hessen, Thüringen angekauft, Brasilholz, Alaun, Vitriol, Waid, Krapp, Öl und Butter werde in großen Massen verbraucht, es werden etwa 70,000 Stück Zeug zu 12 Ellen verfertigt. Im J. 1667 lebten 2521 Seelen, 1544 Zeugmacher oder Knappen und 977 Töchter, von der Compagnie.

Die Verfassung der ursprünglich durch Färber und Händler gebildeten Gesellschaft war von Haus aus durchaus zünftig: sie hatte 2 Zunftmeister, 2 Ladenmeister u. s. w.; im Verlaufe der Zeit verlor jedoch die zünftige Einrichtung vieles von ihrer Strenge und hießen die ehemaligen Zunftmeister nunmehr Vorsteher. Die Mitgliedschaft wurde der Praxis nach nur durch Geburt erworben, freiwillige Aufnahme Fremder oder Abtretung eines Compagnieanteils an Fremde kam, so viel bekannt, nicht vor; doch war das Erbfolgerecht beschränkt: nur zwei Söhne konnten dem Vater folgen, später nachdem einige Compagnieverwandte kinderlos gestorben waren, unter Umständen auch drei; die übrigen wurden soweit thunlich bei den verschiedenen Geschäftszweigen angestellt, Töchter erhielten nur dann Anteil am Geschäft, wenn sie ein Gesellschaftsmitglied heirateten, geschah dies nicht, so wurde ihnen ihr Erbanteil ausbezahlt. Jeder Sohn eines Compagnieverwandten, dem die Gesetze den Eintritt gestatteten, wurde im 14. Lebensjahr als Lehrling bei der Com-

pagnie eingeschrieben und erhielt während seiner vier Lehrjahre
Unterricht in den Comptoirgeschäften, Anleitung zur Färberei, zur
Prüfung und Behandlung der Wolle; hierauf wurde er gewöhn=
lich auf Reisen geschickt, um fremde Sprachen, namentlich die
italienische, zu lernen, auf Comptoiren größerer Städte aus=
gebreitetere Bekanntschaft mit der Handlung zu erwerben und
ausländische Fabriken zu besuchen. Jedes Mitglied hatte bei seiner
Aufnahme, welche aber nicht vor dem 24. Lebensjahre stattfinden
durfte, wenigstens in der späteren Zeit 14,600 (oder 15,000) fl.
in die Gesellschaft zu verwenden, was bei 23 Mitgliedern — so
viele waren es im J. 1650 und auch gegen das Ende der Ge=
sellschaft — 335,800 (oder 345,000) fl. machte, wozu aber noch
teils von den Mitgliedern, welche ihre Zinsen und ihren Anteil
am Gewinn in dem Geschäfte stehen lassen konnten, teils von
Fremden aufgenommene Gelder kamen. Die Söhne der Com=
pagnieverwandten waren seit 1735 von der Auswahl zum Militär
frei und durften schon als minderjährig ohne Dispensation hei=
raten. Im allgemeinen aber genoß die Gesellschaft — aus=
genommen die Freiheit von Verzollung der Tara von den ihr
zuständigen Wollen= und anderen Waren — keine Freiheit von
herrschaftlichen Abgaben.

Die einzelnen Verrichtungen waren geteilt und wurden
gemäß der Fähigkeit der Glieder nach Stimmenmehrheit in den
Generalversammlungen zugewiesen; für die besonders wichtigen
wurden Besoldungen bezogen. So werden z. B. im J. 1733,
in welchem sich 31 männliche Teilhaber — darunter zwei, welche
Alters oder Unpäßlichkeit halber kein Amt in der Gesellschaft
mehr inne hatten — und 10 Wittfrauen in der Compagnie be=
fanden, die im Geschäfte thätigen 29 Mitglieder dem Alter nach
folgendermaßen aufgezählt: Sayenverwalter, Zunftmeister, Wollen=
wäger im Kaufhaus, Ohne=Glanz=Waren=Ausrüster, Schwarzfärber,
Waschhausverwalter, Cadisverwalter, Zunftmeister und Engelsait=
verwalter, Kaufhauskassier, Inspektor und Ladenmeister, Waren=
gewölbsverwalter und Ladenmeister, Roher=Waren=Einkäufer und
Scharlachfärber, Buchhalter, Kassier, Wollen= und Farbegewölbs=
verwalter, Sayenverwalter, Bozener Vierant, Sayenverwalter

und Stampierer, Färber im roten Farbhaus, Kaufhauskontobuch=
führer, Roher=Waren= und Beuteleinkäufer, Preßverwalter, Zur=
zacher Vierant, Cadisverwalter und Frankfurter Vierant, Buch=
halter, Lohn= und Modefärber, Indigfärber, Modefärber, Indig=
färber. Im Verlaufe der Zeit arbeiteten die Compagnieverwandten
übrigens nicht mehr selbst als Färber, sondern zogen sich auf die
Beaufsichtigung der verschiedenen Zweige dieses Geschäfts zurück.
Jährlich fanden, wenigstens in späteren Zeiten, zwei ordentliche
Zusammenkünfte statt, doch fanden sich die meisten Mitglieder
auch alle Montage in der sogenannten Deputation zusammen.

Die Zeugmacher oder Knappen, welche nur in Rücksicht
auf die Moderation beschränkt waren, teilten sich in einzelne
Laden mit vollständig zünftiger Verfassung, hatten eigene selbst=
gewählte Obermeister und eigene Zusammenkünfte. Jene Laden
waren: 1. die Calwer mit Einschluß Zavelsteins, Hirsaus, Lieben=
zells, Merklingens, Heimsheims; 2. die Wildberger mit Bulach;
3. die Nagolder; 4. die Haiterbacher; 5. die Herrenberger;
6. die Altensteiger; 7. die Walddorfer; 8. die Böblinger; 9. die
Deufringer; 10. die Sindelfinger. Die bedeutendsten waren die
1., 2., 3., 5. Lade, sie repräsentierten öfters die anderen allein;
die 10. mußte sich frei zu machen.

Der Betrieb der Compagnie umfaßte wollene Zeugwaren,
welche wegen ihres feinen Gewebes, ihrer Appretur, ihres Glanzes,
ihrer schönen und dauerhaften Farben lange Zeit sehr geschätzt
waren. Doch änderten sich Gattungen und Namen derselben.
Im Einzelnen waren die Sorten in älterer Zeit: „Engelsait,
Grobgrün, Boy, Federritten, Bombasin, Barchend, Kölsch, Macheier,
Schatter, Atlas und Teppiche"; in der letzten Zeit wurden ver=
fertigt: „Einfarbige und gestreifte Kamelots, Grisetts oder ge=
blümte Zeuge, einfarbige und melierte Verkane, einfarbige pi=
quierte Crespine, gestreifte und melierte Crespine, du Roy,
Krepone, Saglie, damaszierte Saglie, Saglie stampate, Cadis, Cri=
sets und englischpiquierte Crespine, damaszierte Kreppe, Sarge
de Rouen und Amiens, Scotini, Ratin, Kirsay, Velpen, Caffa und
stampierte Plüsche, unstampierte Plüsche". Die Waren, welche
die Zeugmacher lieferten, kamen erst bei der Compagnie zur.

Vollendung. Sie wurden im Kaufhaus übergeben und kamen noch ins Waschhaus, die Walkmühle, ins Anwendhaus, ins Farbhaus (blau und grünes, rot und gelbes, scharlachrotes, schwarzes und Modefarbhaus, Schwefelhaus für weiße Stoffe), ins Ausrüsthaus, in die Sayenpreßkammer und teilweise in die Cabispreßkammer. Die Lokale, welche dem Betriebe der Compagnie dienten, nach und nach errichtet, gekauft, erweitert wurden und fast sämtlich in der Leder- und der Inselgasse dicht beisammen lagen, waren: das Kaufhaus (htztge. das Vereinshaus) mit der Kaufstube zum Ankauf der rohen Zeuge, einem großen Wollenmagazin, einer von Pferden getriebenen Mange, dem Farbengewölbe, dem Magazin für die ausgerüsteten Waren, der Packkammer und dem Packhofe; der neue Bau (htztge. Stälinsches Stall- und Magazingebäude) mit zwei Magazinen für Wolle und für ausgerüstete Waren; das Waren- und Ausrüsthaus mit einer Wage, wo man die Zeuge vollends zum Verschicken vorbereitete; die Manufaktur (ursprünglich Sitz der Zuckerraffinerie); das Comptoir, gewöhnlich in einem Mietslokal im Hause eines der Mitglieder; das Waschhaus; die Farbhäuser; die Walkmühle; die Zwirnmaschine oder das Filatorium.

Was den Geschäftsbetrieb im Einzelnen betrifft, so wurde ursprünglich alle Ware, welche die Compagnie verkaufte, von den Zeugmachern gefertigt und alsdann von der Compagnie gefärbt und ausgerüstet. Die Zeugmacher durften die von ihnen verfertigten Waren weder roh noch gefärbt anders wohin als an die Gesellschaft verkaufen und die gegen dieses Verkaufsverbot fehlenden Meister traf außer der Konfiskation der Waren Suspension des Meisterrechts und Abbruch des Stuhls, ja selbst Freiheitsstrafe. Doch kam Verschleifung der Waren besonders nach Weilderstadt, Pforzheim und Horb vor; die Meister der erstgenannten Stadt arbeiteten zwar im Anfang des 18. Jahrhunderts selbst nach Calw, später aber hatte die Compagnie dadurch, daß viele Ware aus der Moderation als Contrebande dahin ging, beträchtlichen Schaden. Es gab besondere, innerhalb eines Zeitraums von 4 Wochen in einer bestimmten Reihenfolge wiederkehrende Kauftage für die verschiedenen Meisterschaften, an denen das gutbefundene sogleich bar bezahlt wurde. Über den Preis, zu welchem die Waren abzunehmen, hatten sich die Compagnie und die Zeugmacher zu einigen, war das nicht möglich, so hatte obrigkeitliche Vermittelung einzutreten. Sowohl zu gewissen Arten von Zeugen, wo die Wolle eigens ausgesucht werden mußte, als an arme Zeugmacher gab die Compagnie die Wolle selbst ab, dieses in letzter Zeit etwa an die Hälfte und zwar wie sie geltend machte, bei den hohen Preisen der Wolle unter Verlust. Was nach der durch Recesse bestimmten Länge, Breite oder Güte nicht vorschriftsmäßig erschien, wurde als Ausschuß von der Compagnie mit einem Stempel, den man den Voulez-vous hieß, bezeichnet, und durfte vom Eigentümer ungefärbt oder (bei der Compagnie) gefärbt, aber nur stück- oder ellenweis verkauft werden. Übrigens konnten sich die Zeugmacher an die Schau, die Deputation beeidigter Zeugmacher, wenden und die Sache deren Ausspruch unterwerfen und wenn sich beide Teile auf solche Weise nicht einigen konnten, so wurde dieser Streit, wie streitige Fälle überhaupt, vor das Oberamt gebracht, von welchem noch an die Regierung appelliert werden konnte. Die Compagnie mußte ihre Waren von den Zeugmachern kaufen, durfte es nicht bei Fremden thun, so weit nicht die Berücksichtigung beschwerlicher Konkurrenten im Handel nötigend in Betracht kam (wie bei den Weilderstädter, Rohrdorfer, Horber Zeugmachern). Ob sie alle Waren anzunehmen habe, war, da sie ja immerhin die Möglichkeit des Wiederverkaufs in Betracht zu ziehen hatte, Gegenstand vielfachen Streits; gemäß dem Rezeß von 1750 sollte es in dieser Hinsicht nach Beschaffenheit der Zeit und Umstände gehalten werden. Damit nicht eine zu starke Überhäufung der Compagnie mit Waren stattfinde, wurde die Zulassung zur Meisterschaft durch mancherlei Maßregeln einzuschränken gesucht; so war z. B. das Annehmen von Lehrjungen gewissen Schranken unterworfen und sollten nur eine beschränkte Zahl und nur Meistersöhne hiezu genommen werden können; ferner sollte kein Dorfmeister mehr als einen, kein Stadtmeister mehr als zwei Stühle haben, wovon nur zeitweise eine Ausnahme zu gestatten war, wenn es der Bedarf der Compagnie erfordere. — Da dieselbe nicht mehr alle Ware annehmen konnte, wurde von ihr im J. 1674 mit einem Aufwand von 12,000 fl. ein sogenanntes Knappenhaus errichtet, eine eigene neue Gesell schaft, welche die von den Zeugmachern verfertigten Waren an kaufte und mit einem gewissen Aufschlag nach und nach an die Compagnie verkaufte, doch ging dieses Haus im J. 1688 wieder ein.

Im Verlaufe der Zeit veranlaßte die Erfindung neuer Stoffe, Veränderung in der Mode, ein bei manchen Arbeitern herrschen der Mangel an Gelehrigkeit und Biegsamkeit in Betreff der An gewöhnung an Neues, sowie an Geld zu neuen Stühlen und Maschinen behufs Fertigung neuer Stoffe, die Errichtung einer eigenen Fabrik, wo die Waren von der ersten Verarbeitung der rohen Wolle an bis zur Vollendung ganz auf Rechnung der Compagnie hergestellt, hauptsächlich aber nur solche Zeuge ver fertigt wurden, zu welcher die Zeugmacher die Geschicklichkeit nicht besaßen. Das Unternehmen stieß freilich auf Widerspruch seitens der Knappschaft, besonders weil auch einige auswärtige Zeugfabrikanten berufen worden waren. Allein auch hier be diente sich die Compagnie fast ausschließlich der Meister aus der Moderation und wurde das meiste nicht in dem Fabrikgebäude selbst gearbeitet, sondern hinausgegeben und nur da, wo die Fabrikation weitläufiger war oder viele, öfterer Reparatur durch einen Werkmeister bedürftige oder besonders große Maschinen erforderte, wurde in der Fabrik gearbeitet. Zum Betrieb der letzteren wurde meist ausländische Wolle gekauft, weil die andere nicht fein genug war.

In den letzten Zeiten bezogen von der Compagnie nach einer damals angestellten Berechnung ihre Nahrung ganz oder zum Teil: 1) Zeugmacher in der Moderation, d. h. an die Com pagnie gebannte: bei der Calwer Lade, oder solche aus den Ober und Stabsämtern Calw, Zavelstein, Liebenzell, Hirsau, Merk lingen, Heimsheim, Neuenbürg 183 (darunter in der Stadt Calw allein 117), im Oberamt Wildberg 307 (in der Stadt Wild berg 140), im Oberamt Nagold 123, im Oberamt Herrenberg 57, im Oberamt Altensteig 87, im Oberamt Böblingen 109, zu Rohrdorf und Dätzingen 60, zu Berneck 7: zusammen 933, im

Ganzen, einen Hausvater zu 5 Personen gerechnet, 4665 Seelen.
2) Spinnerinnen und Kämmer, welche für die Zeugmacher
arbeiteten, etwa 3000 bis 4000; da dieselben jedoch größtenteils
zur Familie der Zeugmacher gehörten und somit schon in der
ersten Abteilung inbegriffen waren, so wurden sie hier nur noch
zu 1500 angenommen. 3) Für die Fabrik arbeiteten 35 Wollen-
kämmer, 9 Weber in der Fabrik selbst, 46 Zeugmacher in der
Stadt, 50 dergl. auswärtige, 28 andere verschiedenartig beschäftigte Personen, zusammen 168. Dazu kamen noch 700 Spinnerinnen, welche von der Compagnie auf Rechnung der Fabrik
beschäftigt wurden und meistens im Neuenbürger und Liebenzeller
Oberamt wohnten. Die Fabrik allein beschäftigte somit im Ganzen
868 Personen, worunter 150 Hausväter, oder, den Hausvater
zu 5 Personen gerechnet, 1468 Seelen; doch waren bei dieser
Zahl etwa 100 zur Moderation gehörige, daher schon in der ersten
Abteilung genannte Zeugmacher, weshalb ihrer 100, beziehungsweise 500 Personen, wieder abzuziehen waren und für die Fabrik
noch 968 Personen blieben. 4) Eine Anzahl anderer Personen,
welche als Taglöhner zu den verschiedensten Geschäften verwandt
wurden, etwa 60 Hausväter oder 300 Personen. Alles in Allem
somit 7433 Personen. Nicht zu gedenken der zahlreichen Handwerker, als Seiler, Schreiner, Leineweber, Wagner u. s. w.,
welche von der Gesellschaft mit Arbeiten beauftragt wurden, und
ihrer 8 Nachtwächter.

Die Compagnie hatte keineswegs für alle ihre Waren ein
Privilegium in der Art, daß sonst niemand im Lande dieselben fertigen und vertreiben durfte, ein solches ausschließliches Recht auf
gewisse von ihr neu erfundene Waren erhielt sie vielmehr erst
durch das Privilegium vom 2. Juni 1668. Seit etwa dem
Ende des 17. Jahrhunderts unterschied man daher hinsichtlich
der Waren, welche sie in Verkehr brachte, drei Gattungen:
1) Zeuge, deren Herstellung überhaupt freigegeben war: ge-
zwirntes Grobgrau, Vierdrath, Bombasin, Schlick, Bursat, Distel-
sait; 2) Zeuge, welche auch von Andern fabriziert und ellenweis ausgemessen, gefärbt, ausgerüstet, dagegen bei Konfiskations-
strafe nicht stück- oder ballenweis verhandelt werden durften:

ordinari Engelſait, ordinari Grobgrün, ordinari Macheier, alle drei zweifärbig, weiß Zehnbund, ſchafgrau Zehnbund, zwiefärbig Zehnbund, ordinari Puff; 3) ausſchließlich privilegierte Zeuge: weiß Grobgrün, extraordinari engliſche Scoti, Scotini, Raſch, Etamin, Droguet, Cadis, breit und ſchmal, weiße Puff, Beutel= tücher, ſowie (ſeit 26. Febr. 1737) melierte, weiße, piquierte, engliſch, in opera und damasziert piquierte Creſpine, dieſe Stoffe als eigene Erfindungen, ebenſo aber auch künftige Erfindungen der Compagnie. Hinſichtlich der Beuteltücher, für welche derſelben ein uraltes Privilegium zuſtand, wurden die Müller unter Be= drohung mit ſchwerer Strafe einigemale angewieſen, dieſelben nirgend anderswo, als bei den privilegierten Calwer Beuteltuch= trägern zu kaufen und dabei jedesmal ihren Namen und die Zahl der gekauften Stücke in ein beſonders Büchlein einzutragen; anderen unprivilegierten Händlern ſollte ihre Ware konfisziert werden. Gegen Fabriken im Moderationsbezirk, welche gleichfalls in Wolle arbeiteten, wandte ſich die Compagnie mit Erfolg, ſo daß dieſe aufgehoben wurden, wie die von Sauter u. Comp. in Nagold errichtete Fries=, Ratin= und Tuchfabrik in den Jahren 1776 und 1777. Außerhalb der Moderation durfte kein Zeug= macher, welcher nicht das Färben ordnungsmäßig erlernt hatte, ſeine eigene Ware anders als ſchwarz und braun färben.

Der Abſatz fand ſowohl nach Würtemberg, als in fremde Länder ſtatt. Für den inländiſchen Handel wurden gewöhnlich nur 2 Tübinger Märkte beſucht, ſonſt war der Handel im Land zuletzt ganz unbedeutend, da ihn Konkurrenz, Stümplerei und Pfuſcherei verdrängten. Der längere Zeit ſehr blühende aus= wärtige Handel ging in einen Teil Deutſchlands, nämlich das übrige Schwaben, einige Gegenden des Rheinlandes, die Schweiz, nach Elſaß und Lothringen, ferner nach Italien, früher nament= lich nach Sachſen und von dort aus nach Polen, ſowie in die öſterreichiſchen Erblande und nach Frankreich, zeitweiſe ſelbſt, wie berichtet wird, bis Ungarn, in die Türkei und nach Moskau. Er wurde auf Meſſen zu Leipzig, Nürnberg, ſodann zu Straßburg, München, Nördlingen, Frankfurt, Zurzach und Bozen betrieben. Doch verlor ſich der ſächſiſche und polniſche Handel infolge des

Aufkommens der sächsischen Zeugmanufakturen ganz und es half nichts, daß die Gesellschaft im J. 1709 eine Fabrik zu Schleiz im Voigtlande übernahm (Firma: Walter, Zahn u. Mitverwandte) und einen ihrer Teilhaber, J. G. Zahn, mit deren Leitung beauftragte; dieselbe wurde, da man diesen sachkundigen Teilhaber mit seinen Erfahrungen in die Heimat zurückwünschte, im J. 1720 wieder aufgegeben. Der österreichische Handel nahm infolge eines kaiserlichen Verbots bei Errichtung der Linzer Fabrik im J. 1717 u. s. w. ab und K. Joseph II. machte ihm in seinen Staaten, außer in Tirol, ein völliges Ende. Derjenige nach Frankreich infolge der Marseiller Pest der Jahre 1731/32 war längst erloschen, Versuche des Verkehrs mit den nordamerikanischen Staaten mißlangen. Eine ganz besondere Blüte erreichte das Geschäft vorübergehend wieder während des siebenjährigen Kriegs infolge des Darniederliegens der sächsischen Manufakturen; seit dem Hubertsburger Frieden (1763) trat jedoch auch hier ein Rückschlag ein. Am wichtigsten war besonders in den letzten Zeiten und jetzt beinahe noch allein von Wert der italienische Handel, für welchen eigene Kommissäre an italienischen Plätzen bestanden, z. B. zu Verona, Sinigaglia u. s. w., und jeden Samstag ein vierspänniger Wagen mit leichten dünnen Wollenzeugen abgegangen sein soll; alle Geistlichen, hieß es, haben in Italien Sommers Calwer Zeuge getragen. Zuletzt wurden von ausländischen Messen nur noch besucht: die Bozener, für den tirolischen, besonders aber den italienischen Handel, schließlich nur noch dreimal des Jahres: einer der Calwer Handelsleute war in den 80er Jahren des vorigen Jahrhunderts Beisitzer des dortigen Handelsgerichts während der Messe; die Zurzacher jährlich zweimal fast nur für Schweizer und etwas für Italiener; die Frankfurter gleichfalls zweimal des Jahres: hier war nur unbedeutender Verschluß und stammten die Abnehmer aus dem Mainz-, Trier-, Köln-, Waldeck-, Darmstädtischen und der Wetterau.

Was die Größe des Umsatzes betrifft, so sollen von 1705/6 22,274, von 1707/8 20,545, von 1708/9 23,102 Stücke von der Compagnie angenommen worden sein. Eine in der letzten Zeit von einem gutunterrichteten Manne angestellte Berechnung nahm für jeden Zeugmacher alle 4 Wochen 2—3 Stücke an, was bei 900 Meistern jährlich mindestens 23,400 Stücke betrug; die Compagnie versicherte übrigens, daß sie über 25,000 Stücke annehme und zwar, wie geschätzt wurde, 20—23,000 im Durchschnitt zu 6—7 fl., sodann 2—3000 zu 15—20 fl. Rechnete man daher 20,000 Stück zu 6 fl. 30 kr. und 2000 Stück zu 17 fl. 30 kr., so gab dies (ohne den Fabrikverdienst) einen jährlichen Verdienst der Zeugmacher von 165,000 fl. Es wird aber auch von einem jährlichen Verschluß von Waren im Betrag von nahezu 500,000 fl. berichtet.

Neben dem Geschäft in wollenen Zeugen war die Compagnie bestrebt, über die durch ihren Handel eingehenden Gelder durch Wechsel über Amsterdam, Augsburg, Wien, Venedig, Livorno, Leipzig und Frankfurt zu disponieren und besorgte zuweilen Geldremisen auf einen oder den andern Wechselplatz. Seit den 60er Jahren des 18. Jahrhunderts betrieb sie weiterhin eine Zuckerraffinerie, welche anfangs gut ging, so daß alle Wochen 50 Zentner raffinierten Zuckers hergestellt wurden; nach Ausbruch des amerikanischen Freiheitskrieges und infolge der Erhöhung des Preises des Rohzuckers und der Steigerung des Durchgangszolls durch die Holländer wurde sie jedoch im J. 1776 eingestellt. Das Haus, in welchem dieses Geschäft betrieben wurde, stand an der Stelle, wo heute das Webereigebäude von Schill u. Wagner steht.

Der Ertrag der Compagnie war zu verschiedenen Zeiten sehr verschieden. In früherer Zeit war er jedenfalls bedeutend, da der Grund des zeitweise beträchtlichen Vermögens mancher Calwer Familien z. T. durch sie gelegt wurde. Er belief sich z. B. im J. 1712 auf 12,376 fl. 35 kr., (was bei 39 Portionen für den einzelnen 317 fl. 21 kr. Gewinn machte), im J. 1713 auf 11,388 fl. (292); im J. 1715 auf 21,830 fl. (bei 37: 540); im J. 1716 jedoch nur auf 9163 fl. 42 kr. (bei 38: 241 fl. 9 kr.); im J. 1717 wieder auf 16,378 fl. (bei 38: 431 fl.); im J. 1754 auf 17,700 fl. (bei 30: 590); im J. 1758 auf 14,805 fl. (bei 25: 600); im J. 1762 auf 28,800 fl. (bei 24: 1200); im J. 1764 auf 32,350 fl. (bei 25: 1300); im J. 1765 auf

22,500 fl. (bei 25: 900); im J. 1766 auf 27,950 fl. (bei 26: 1080); von 1776—1792 endlich für einen einzelnen Teilhaber mit einer Einlage von 14,600 fl. zusammen auf 17,830 fl., somit im Jahr durchschnittlich etwa 1050 fl. oder 7 ^{1}/₅ %.

Der reichen Mittel der Compagnie wußte sich denn auch die Regierung wiederholt zu bedienen, oder wie Schiller in seinem Briefwechsel mit Göthe sagt „bei mehreren Extremitäten auf ihren Kredit zu rechnen". So gewährte die letztere im J. 1723, in welchem sie bereits für Waren und ausgestellte Wiener Wechsel 5000 fl. an die Rentkammer zu fordern hatte, zur Bestreitung der Kosten für die Besitzergreifung Mömpelgards ein Anlehen von 5000 fl., wozu noch zur Bezahlung „pressanter Ausgaben" im J. 1729 4000, im J. 1732 weitere 2500 fl. kamen; im J. 1734 erbot sie sich, wie berichtet wird, als es der Regierung an Kredit mangelte oder die ungerechtfertigsten Zinsen gefordert wurden, unter billigen Bedingungen zu einem Anlehen von 300,000 fl. und im J. 1762 „sann" ihr Herzog Karl für die Kriegskasse ein fünfprozentiges Anlehen von 20,000 fl. „gnädigst an", welches bewilligt wurde.

Gegen Ende des 18. Jahrhunderts wirkte jedoch eine Reihe von Verhältnissen zusammen, den schon erschütterten Nutzen des Geschäfts vollends herabzudrücken. Als solche werden geltend gemacht: Geldmangel in Italien (beim Tod von Päpsten oder auch nur Kardinälen waren z. B. früher zu Verhängung von Kirchen und Zimmern neue schwarze Zeuge eingekauft worden, jetzt suchte man die alten wieder hervor); erschwerte Einfuhr auch in den italienischen Staaten; Verminderung der Klöster und Mönche und infolge hievon geringerer Verbrauch der schwarzen und braunen Zeuge; österreichische und andere Handelsverbote; neue Zölle; die durch die geringeren Preise der Wolle in andern Ländern ermöglichte Wohlfeilheit und größere Feinheit der sächsischen, voigtländischen, thüringischen und anderen Manufakturen; Änderung des Geschmacks und Zunahme des Luxus, welcher Baumwollstoffe verlangte; Eingriffe anderer Zeugmacher außerhalb der Moderation in die Privilegien der Compagnie; Untüchtigkeit und Untreue der Meister unter der Moderation durch

Schleichhandel. Sicherlich wirkte übrigens zum Teil auch der
Umstand mit, daß manche Glieder der beteiligten Familien ein
beträchtliches Vermögen erworben hatten und so vornehme und
üppigere Handelsherren geworden waren, welche der eigentlichen
Gewerbsthätigkeit sich entfremdet und an Handels- und Unterneh-
mungsgeist eingebüßt hatten. Endlich gaben die französischen
Revolutionskriege, insbesondere diejenigen in Italien (1796 ff.)
dem Geschäfte den letzten Stoß. So hat denn die Gesellschaft,
welche zuletzt nur noch aus 15 Teilhabern, Schill (3), Vischer,
Dörtenbach, Wagner (5), Gfrörer (3), Zahn, Schauber, wozu wohl
noch einige Wittfrauen kamen, bestanden zu haben scheint, selbst
die Regierung, die „zu gegenseitigem Vorteil der Compagnie und
der Zeugmacher bisher bestandene Moderationsverfassung aufzu-
lösen, die Zeugmacher von der Verbindlichkeit, ihre verfertigten
Waren ihr zum Kauf anzubieten, sie selbst aber von der Verpflichtung, dieselben anzunehmen, freizusprechen, weil der Gang
des bisherigen unglücksvollen Kriegs sie außer Stande setze, ihren
vormaligen Handel im alten Schwung zu erhalten.“ Zwar erhoben die meisten Zeugmacher Widerspruch und die Regierung
bemühte sich, die Teilhaber wieder umzustimmen und so die
„Auflösung dieses alten und wichtigen Institutes,“ welches übrigens vom volkswirtschaftlichen Standpunkt, insbesondere der
späteren Zeit aus, auch lebhafte Gegner fand, zu verhindern,
allein vergeblich, so daß sie durch Generalrescript vom 5. Mai
1797 die Compagnie nach Rechten und Pflichten aufhob und die
Verfertigung aller Arten von Zeugen freigab.

Seit den 20er Jahren des 18. Jahrhunderts trat dem
Wollzeughandel allmälig in immer größerer Bedeutung der

Holzhandel

zur Seite. Nachdem schon Herzog Friedrich I. von Württemberg
(1593—1608) vergeblich erstrebt hatte, einen Holzverkehr mit
den Holländern zu Stande zu bringen, war im Jahre 1691 in
den Wildbader, im J. 1692 in den Liebenzeller Forsten das erste
Holz, wie es scheint, aus freier Hand, für die Holländer verkauft
worden, wobei die Holländer Tanne von 70 Schuh Länge und

16 Zoll Dicke am oberen Ende für 30 kr. hergegeben wurde.
In der Folge war dieser Holländer Holzhandel fast immer im
Wege der Abmodiation an Unternehmer gegen bestimmte Abgaben
überlassen, der Privatholzhandel aber verboten. So bildeten in
den J. 1720—1726 Notter und Stuber von Calw in Verbindung mit Frank in Wildbad, sowie einigen anderen Unter-
nehmern aus Wildbad, Liebenzell (Büchsenstein), Calmbach (Keppler), später auch Neuenbürg, die erste eigentliche Handelsgesell-
schaft, welche den Floßholzhandel auf der Nagold, Enz und ihren
Nebenflüssen Eyach, Kleinenz und dem oberhalb Altensteig in die
Nagold fließenden Zinsbach von der Regierung in Abmodiation
erhielt. Sie bekamen ihren Accord im J. 1728 auf weitere 3 Jahre
verlängert, wobei sie für die Holländertanne von 70—80 Schuh
und 14 Zoll am kleinen Ende bereits 5 fl. zu bezahlen hatten.
Doch hatten sie an der Gernsbacher Schifferschaft und dem sie
unterstützenden Bischof von Speier, welchem ein Teil Gernsbachs
gehörte, bedeutende Gegner, so daß sie in den 20er Jahren vor
Gernsbach einen Floß ans Land schaffen und größtenteils ver-
faulen lassen mußten, im J. 1733 der Gernsbacher Vogt auf
die Arbeiter in der Murg feuern zu lassen drohte. Notter und
Stuber waren auch bei einem neuen 3jährigen Accord vom
Oktober 1743 mit Angehörigen der genannten Schiffergesellschaft
die stillschweigenden Hauptunternehmer. Im J. 1746 beteiligte
sich ein anderer Calwer, Jakob Christoph Bischer (in der Folge
Kammerrat), bei der gegen ein Jahrzehnt währenden Gesellschaft
für den Holländerholz-Accord und die Flößerei aus den Neuenbürger und Freudenstädter Waldungen, an deren Spitze der
Chaland, später Kommerzienrat Lidel in Neuenbürg stand und
welche sonst Neuenbürger, Herrenalber, Pforzheimer zu ihren Mitgliedern zählte.

Bedeutender wurde dieser Calwer Holzhandel im J. 1755.
In ihm traten 25 Personen, insbesondere etwa die Hälfte Calwer,
so der ebengenannte Jakob Christoph Bischer, ferner Joh. Martin
Bischer, Joh. Martin Grab, Joh. Georg und Joh. Jak. Zahn,
Joh. Jak. Dörtenbach, Joh. Michael Notter, Joh. Georg Haydt,
Max. Benj. Grafft, Jak. Friedr. Schill, Joh. Jak. Böhringer,

bann Neuenbürger (Bohnenberger, Büchsenstein, Seuff, Martin), Wildbader (Keppler), Höfener (Bodamer), Calmbacher (Kiefer, Goßweiler), und einige Holzhändler von Agenbach (Keppler), Dobel (Seyfried, Kappler, Bodamer), Reichenbach uub Baiers= bronn (Klumpp) zu der Calwer oder Württemberger Holzcom= pagnie oder der Gesellschaft „Vischer u. Comp." zusammen, welche ihre Rechnung und ihren Sitz in Calw hatte. Sie teilte ihr Geschäftskapital von 48,000 fl. in 16, zur größeren Hälfte in Händen der Calwer befindliche Portionen von 3000 fl. in der Weise, daß die einzelnen 1 $\frac{1}{2}$ (die beiden Vischer), 1, $\frac{5}{6}$, $\frac{3}{4}$, $\frac{1}{2}$, $\frac{1}{3}$, $\frac{1}{4}$, $\frac{1}{12}$ Portionen besaßen.*) Am 2. September 1755 erhielt sie statt der früheren Libelschen Gesellschaft einen 12jährigen Holzfloßaccord mit der herzoglichen Regierung und bekam dadurch insbesondere das Recht auf der oberen Murg und deren Neben= bächen ausschließlich jährlich 2000, höchstens 2500 Stämme Hol= länder Tannen zu verflözen, dieselben über das Gebirge auf die Nagold und die Enz zu transportieren, auch 2 Sägmühlen im Murgthal zu errichten. Weiter durfte sie für die genannte Zeit 2000 Stämme gemeines Bauholz verflößen und erhielt noch dazu den Holländerholz=Handel auf der Enz und Nagold mit dem Recht 500 Stämme jährlich aus den Neuenbürger, Altensteiger und Freudenstädter Forsten und, wenn möglich, ebensoviel aus den kirchenrätlichen=, Kommun=, Privat= und Baden=badenschen Wal= dungen zu verflößen, sowie den gemeinen Floßhandel auf der Enz und Nagold außerhalb Landes mit je 2000, höchstens 2500 Stäm= men gemeinen Holzes zu versehen und endlich 50,000 Stück Schnittwaren jährlich zu verflößen. Die Gesellschaft hatte bei Herrschaftsholz für eine Holländertanne von 16 und mehr Zoll Dicke, 70, 80 oder mehr Schuh Länge in den Murgwaldungen,

---

*) Das 1. Journal der Gesellschaft begann mit folgendem Ein= trag: „Anno 1755 adij 23. Augusti in Calw fangen wir hiermit an in diesem Journal sammt dem dazu gehörigen Contobuch Nro. 1 zu schreiben, was uns in unserem Negozio notables vorfallen wird, und bitten dahero den lieben Gott, Er welle uns zu unserem Handel und Wandel seinen milden und reichen Segen verleyhen, auch all' unser Thun u. Fürnehmen dahin dirigiren, daß es vorderist zu Seines Allerheiligsten Namens Ehre, unserer Nächsten Nutzen und endlich zu unserer sowohl zeit= als vornehmlich ewigen Wohlfarth gerathen möge. Amen."

aus denen das Holz auf der Achse über den Berg auf die Nagold
und die Enz verbracht werden mußte, 8 fl., eine 60er Tanne
7 fl., einen Meßbalken von 12—16 Zoll 4 fl., einen Holländer
Dickbalken von 16 und mehr Zoll 2 fl. 30 kr. 2c., in den Altensteiger und Neuenbürger Waldungen meist das Doppelte, bei Flößen
aus württembergischen Kommun-, Privat- und Baden-badenschen
Waldungen an Konzessionsgeld die Hälfte dieses Preises, für gemeines Bauholz: einen gemeinen 70er von 10—12 Zoll Dicke
36 kr., einen gemeinen 60er bis 12 Zoll Dicke 24 kr. zu bezahlen.
Sie erhielt das alleinige Recht der Holzausfuhr auf Enz und
Nagold, hatte sich dagegen des Holzkommerziums im Lande gänzlich zu enthalten und die Murg und ihre Nebenbäche im württembergischen Territorium, soweit das noch nicht der Fall war, auf
eigene Kosten in floßbaren Stand zu setzen. Im J. 1763 schloß
Vischer namentlich mit der badischen Murgcompagnie zu Pforzheim
(Fauler, Libel und Consorten), um die bisherige vielfach schädliche Konkurrenz bei Holzverkäufen abzuschneiden, einen neuen
25jährigen Accord, welcher insbesondere die untere badische Murg,
soweit solche die Calwer Compagnie noch nicht beflößte, in floßbaren Stand zu setzen und deshalb mit der badischen Regierung
ein Übereinkommen zu treffen bezweckte, und beide Compagnien
errichteten noch im J. 1764 einen neuen, für die J. 1767—1777
gültigen, im J. 1775 bis 1788 verlängerten Vertrag mit der
Regierung in Bezug auf Holzkäufe aus anderen als den bisher
in Betracht gezogenen Waldungen und auf die ihnen jetzt erst
eingeräumte Scheiterholzflößerei auf Enz und Nagold.

Die nur auf eine bestimmte Reihe von Jahren verbundene
Gesellschaft erneuerte sich nach Ablauf der betreffenden Zeit stets
wieder, jedoch in der Weise, daß sowohl die Beteiligten, als auch
die Firma, das Geschäftskapital und die Einlagen vielfach wech-
selten. Die nächsten Erneuerungen fanden in den Jahren 1768,
1788, 1802 statt, das erste Mal unter der alten Firma, das
zweite und dritte Mal unter derjenigen Johann Martin Vischer
und Comp. Das Kapital bildete in allen 3 Fällen 192,000 fl.
in 96 Portionen zu 2000 fl. Beteiligt waren das erste Mal
31 Personen: Calwer, meistens noch die alten Familien, dazu

weiter Gfrörer und Hütt, mit etwa ein Drittel, Pforzheimer mit
der Hälfte der Portionen, die übrigen kleineren Portionen in der
Hand verschiedener Personen aus den bereits genannten Orten,
sowie aus Stuttgart; bei der zweiten Umbildung waren es 17,
in der Folge 18 Beteiligte, darunter die Calwer — die Familien
Bischer, Notter, Dörtenbach, Stirner — und die Pforzheimer —
insbesondere die Firma Wohnlich, Grab und Söhne —, nahezu im
Besitze je der Hälfte der Portionen, sowie noch kleinere Be-
teiligungen von Personen aus Neuenbürg, Wildbad, Herrenalb,
Calmbach, Gernsbach, Dobel, Stuttgart; das dritte Mal waren
es 15 Beteiligte, die Calwer — Bischer, Dörtenbach, Stälin,
Seybold, Notter, Stirner — im Besitze von zwei Drittel, der
Rest in Händen von Personen aus Höfen und Calmbach, weiterhin auch Neuenbürg, Wildbad, Dobel und Pforzheim. Auch in
dieser Zeit bildeten die Accorde mit der Regierung, welche das
Floßrecht und damit die Verflößung des Holländer Holzes als
landesherrliches Regal in Anspruch nahm, den Angelpunkt dieses
Holzhandels und wurden solche, zugleich auch auf den Scheiterholzhandel ausgedehnt, wieder abgeschlossen im J. 1764 bis zum
J. 1777, dann bis zum J. 1788, im J. 1787 für 1788—1798,
im J. 1797 für 1798—1800, im J. 1800 bis 1808.*)

Der Betrieb des Geschäftes erstreckte sich, hauptsächlich
wenigstens, auf Tannen und Forchen, weniger, aber doch auch,
auf Eichen, und war, wenngleich in den 70 er Jahren des vorigen
Jahrhunderts einige Zeit auch in Darmstädter Waldungen erfolgreiche Käufe in Eichen gemacht wurden, fast nur auf den
Schwarzwald beschränkt. Für den Handel auf den Beiflüssen des
Neckar war Pforzheim der erste Sammelplatz, wo größere Flöße

---

*) Es wurden von der Gesellschaft auch in der That folgende An-
kaufspreise bezahlt: für 70er und 80er Holländer Tannen: in den J.
1756 bis 1773 in den Forsten Altensteig und Neuenbürg 16 fl., im
Forste Freudenstadt 8 fl.; in den J. 1797 bis 1802 im Forste Neuenbürg 20 fl., im Forste Freudenstadt 12 fl.; in den J. 1801 bis 1803
der Forstverwaltung Hirsau 15 fl.; für auf der Kinzig verflößte 60er und
70er Tannen aus dem Forste Freudenstadt im J. 1769 5 fl. 30 kr. An
Konzessionsgeldern mußten für Holländer Tannen entrichtet werden: dies-
seits der Murg 4 fl., im Forste Freudenstadt 4 fl., im Forste Altensteig
und Neuenbürg 8 fl.

gebunden wurden, während weiter abwärts wiederum 3 Enzflöße zu einem breiteren oder Thalfloß aneinander gestellt wurden. Die in den Murgwaldungen gefällten Stämme wurden zuerst, da die untere Murg längere Zeit nicht für Langholzflöße verwendbar war, auf der Achse über den Berg zur Nagold oder Enz verbracht; als die Gesellschaft mit beträchtlichem Aufwand die Murg auch für Langholzflöße fahrbar gemacht hatte, betrieb sie die Murgflößerei auch auf der unteren Murg in der Weise, daß die Murgflöße in Steinmauern beim Ausfluß der Murg in den Rhein ausgezogen und aufgebollert wurden. Im Zusammenhange mit dem Holzhandel im Murgthal und um durch den Bedarf dieser Institute an Holz nicht beeinträchtigt zu werden, erwarb die Compagnie zeitweise 2 Glashütten zu Buhlbach im Baiersbronner Thal und zu Schönmünzach, kirchenrätliche Lehen, doch veräußerte sie die erstere im J. 1788, die letztere im J. 1803. Der große Waldbrand des Jahres 1800 in den Murgwaldungen schmälerte das Erzeugnis an Floßholz in dem Maße, daß die Benützung der oberen Murg zum Befahren mit Flößen kein Bedürfnis mehr war, und da auf die Regulierung des Flußbetts keine weitere Kosten mehr verwandt wurden, dasselbe bald wieder unflößbar wurde. Die Flößerei auf der Kinzig war durch den Selbstbetrieb der Schiltacher und Wolfacher Schifferschaft beschränkt und ging bei Kehl in den Rhein. — Was nicht schon früher auf diesem Strome verkauft war, ging in Mannheim an die unterrheinischen Holzhändler, wie von Stockum, später Gebr. Ziegler und Comp. in Frankfurt a/M., Peter Hausen von Remelfingen in Saargemünd, Joh. Peter Job Nell sel. Erben in Trier, Antonio van Terwen in Rotterdam und andere, welche z. T. in Pforzheim, Gernsbach und Gaggenau Faktoreien hatten, über und eben von Mannheim aus wurden die großen mit Eichen aus dem Rheinthal und anderen Gegenden beladenen Flöße abgelassen. Zwar waren die Gefahren für die Holzlager zu Steinmauern und Mannheim bei Eisgang und Überschwemmungen, sowie das übliche Kreditieren für die Holländer Käufer etwas heikle Punkte bei diesem Handel, allein er wurde trotz dessen sehr schwunghaft betrieben. Verflößte doch die Gesellschaft, soviel bekannt, in den J. 1764—1780

aus dem Freudenstädter, Neuenbürger und Altensteiger Oberforst,
Kameral=, kirchenrätlichen=, Kommun=, Privatwaldungen an Hol=
länderholz und zwar an Tannen: 70er, 80er und 100er Stämme:
27,634, 60er: 7163, Meßbalken: 11,300, Meß 70 er: 122,
Holländer Dickbalken: 7703, Kreuzdickbalken 829; an Forchen:
70er Meßbalken: 108, 60er Meßbalken: 161, Holländer Dick=
balken: 1312, Kreuzdickbalken: 1306; an gemeinem Floßholz:
70er: 8102, 60er Meßbalken: 426, gemeine 60er: 8451, Dick=
balken: 26,668, Spitzenbalken: 14,212, 50er: 7900, 40er: 5418,
36er: 272, 30er: 2471, Teuchelstangen: 8,627, Sägklötze: 141.

Diesem großen Umsatz entsprach auch ein bedeutender
Nutzen für die Unternehmer und es wurden als Gewinn ver=
teilt von der 1755er Gesellschaft 353,200 fl., von der 1768er
Gesellschaft 657,000 fl., von der 1788er Gesellschaft 476,389 fl.
33 kr., von der 1802er Gesellschaft 419,687 fl. 19 kr., zu=
sammen während des Bestehens der 4 Gesellschaften, vom Jahre
1755 bis 1809: 1,906,276 fl. 52 kr., d. h. z. B. von der 1.
Gesellschaft durchschnittlich für das Jahr 56,6%, von der 2.
17,12%, von der 3. 17,7%. Übrigens waren wohl unter
anderem namentlich auch die Geschäfte der Compagnie der An=
laß, daß im J. 1764 die starke und schädliche Aushauung der
Wälder und der Verkauf des Holzes außerhalb Landes zu den
beim Reichshofrat übergebenen Landesbeschwerden gehörte, wes=
halb Herzog Karl sowohl im Erbvergleich von 1770 als im
fürstbrüderlichen Vergleich von 1780 dafür zu sorgen versprach,
daß niemals im Lande Holzmangel entstehe und der Preis des
Holzes nicht allzuhoch steige, während andererseits geltend gemacht
wurde, daß dieses Holz größtenteils aus Gegenden komme, in
denen es ohne diesen mächtigen Betrieb vielleicht verfault wäre,
und die Compagnie einer großen Anzahl von Angestellten der
verschiedensten Art ihren Lebensunterhalt gewährt hat.

Im J. 1809 nahm die Gesellschaft nach ihrem nun=
mehrigen Chef, Jakob Friedrich Stälin, welcher schon seit 1789
im Geschäfte thätig gewesen war und früher namentlich den Murg=
handel geleitet hatte, die Firma Stälin und Comp. an. Sie zählte
nunmehr zunächst 16 Beteiligte, darunter außer Stälin besonders

Bodamer in Höfen, weiterhin Dörtenbach in Calw, Kornbeck in Calmbach, Krauth in Höfen, Vischer in Calw u. f. w. und ihr Geschäftskapital von 144,000 fl. zerfiel damals in 96 Portionen zu 1500 fl. Auch sie erlitt im Verlaufe der Zeit verschiedene Neubildungen: in den 40er Jahren des Jahrhunderts waren nur noch als Calwer die Familien Stälin und Dörtenbach — später auch Feberhaff —, als Auswärtige Krauth und Rehfues in Höfen (letztere bis zum Schluß des J. 1849) beteiligt, bis im J. 1848 Joseph Mohr aus Mannheim in das Geschäft eintrat. Im J. 1868 zerfiel dasselbe in zwei Firmen, Stälin und Comp. und Mohr und Comp., beide in Calw und Mannheim, doch besteht heutzutage nur noch die erste Firma an beiden Orten, während die letztere in den 70er Jahren das Calwer Geschäft aufgab und ihren Sitz jetzt ausschließlich in Mannheim hat.

Auch der Betrieb des Geschäftes wurde im Verlaufe des 19. Jahrhunderts vielfach ein anderer. So wurde der Handel mit Langholz jetzt nicht mehr in der Form eines auf bestimmte Jahre abgeschlossenen Admodiationsvertrags mit der Regierung, sondern als ein gewöhnliches Gewerbe gegen Konzessionsgebühren für Benützung der Wasserstraßen betrieben. Ferner beschränkte sich derselbe mit der Zeit nicht mehr auf den Schwarzwald, dehnte sich vielmehr auch auf den oberen Neckar und Main, ins Bayerische (den Speßhardt, ins Iller- und Donaugebiet, in den bayerischen Wald) und nach Böhmen, infolge der Zunahme der Eisenbahnen selbst nach Ungarn und Slavonien aus. In den 50er und 60er Jahren wurde namentlich der nebenbei übrigens zu allen Zeiten ausgeübte Eichenhandel (dieser besonders auch aus den beiden letztgenannten Gegenden) lebhaft betrieben. Ebenso handelte die Gesellschaft nicht mehr blos nach Mannheim, wo die rheinischen Holzhändler das Holz aufgekauft hatten, sondern seit 1848 übernahm sie selbst die Verflößung nach Köln und Holland durch das Mannheimer Zweiggeschäft Stälin und Comp. Der Besitz eines Hauses in Mannheim mit den nötigen Lagerplätzen für Holz und Bretter förderte den Absatz und ein Rheindampfboot „Adolf Stälin" unterstützte in der zweiten Hälfte der 50er Jahre den damals besonders starken Flößereibetrieb nach Holland. Doch wirkte insbesondere die Konkurrenz der skandinavischen Tannen in den späteren Jahren nicht günstig und infolge der Zunahme der Holzindustrie im Lande, welche das Holz an Ort und Stelle verbraucht und als fertige Ware ausführt, ist der Ausfuhrhandel mit Langholz aus dem Schwarzwald überhaupt nicht mehr von der alten Bedeutung. — Der Scheiterholzhandel wurde im J. 1839 von der Regierung in eigene Regie genommen, nachdem die Gesellschaft bis dahin das Scheiterholz von den Erzeugungsplätzen im Enzthal u. s. w. nebst Hauen ans Wasser gebracht, zu accordmäßigen Preisen während in der Regel 10jähriger Perioden in die Enzholzgärten Vaihingen, Bissingen, Bietigheim verflößt und ebenso auch das zum Zweck und zur Sicherung der Scheiterflößerei nötige Stammholz übernommen hatte.

Um dieselbe Zeit, in welcher Calwer Geschäftsleute den Holzhandel zu betreiben begannen, wandten sich solche auch dem

Bergbau

zu. Sie thaten dies zunächst in zwei Gegenden: in der Rippoldsau-Witticher in fürstenbergischem und in der Alpirsbacher in württembergischem Gebiet.

Das „Rippoldsauer Kupferbergwerk auf dem Gebirg bei Wittichen" und „im Kinziger Thal" zum bergmännischen Bau für Gewinnung von Kobalt und sonstigen, auch edlen Metallen und für Fabrikation von blauer Farbe hatte schon im J. 1700 der Öhringer Kaufmann Antoni Fischer mit fürstenbergischem Privilegium begonnen und derselbe auch im J. 1702 die Farbmühle (Blaufarbwerk, Schmaltefabrik) erbaut. Allein die Gewerkschaft, welche sich besonders auf die „Gnade-Gottes-", in der Folge die St. „Josephs-Grube" gründete und bei welcher später u. a. namentlich der Freudenstädter Bürgermeister Joh. Dav. Wölppert beteiligt war, geriet in Schulden und stellte zeitweise den Betrieb ein. Im J. 1721 dagegen erscheinen als Besitzer etwa des halben Werkes „Dörtenbach und Zahn" in Calw, eine Gesellschaft, an deren Spitze Joh. Georg Zahn der Jüngere und Mose und Joh. Jak. Dörtenbach standen, bei welcher jedoch außer diesen beiden noch mehrere Calwer Familien, wie

Demmler, Fink, Rotter, Rühle, Schill, Stuber, Vellnagel, Vischer, Volz, Wagner, sowie (1722) Gärtner, Mayer Schill und Comp. beteiligt waren. Die Gewerkschaft erhielt am 21. November 1732 eine Bestätigung des älteren Privilegiums auf 50 Jahre, wodurch ihr für die Herrschaften Wolfach und Haslach der Bergbau auf Gold, Silber, Kobalt, Kupfer, Wismut, Zinn, Blei und alle anderen Mineralien und Metalle, der Kauf in- und ausländischer Kobalte und die Farbmühle allein überlassen, Freiheit von Zoll und anderen Auflagen gewährt und zu ihren Gunsten die Errichtung einer andern Farbmühle verboten wurde. Der Betrieb der Bergwerke auf Silber und Kobalt, sowie der mit ihnen verbundenen Farbmühle, in der Folge auch einer Silberschmelze, durch die St. Josephsgewerkschaft war geraume Zeit ein sehr reger. Bereits im J. 1721 thaten sich 71½ Kuxen der Gewerkschaft unter dem Namen „Mose Dörtenbach und Consorten" als eine besondere Farbenverkaufs-Gesellschaft zusammen, welche die gewonnenen Farben auf Rechnung der Gesellschaft verschloß, überhaupt die Administration und Korrespondenz hatte. Im J. 1743 wurde diese Einrichtung wieder aufgegeben und ein sogenannter Farbenkontrakt mit den Hauptgewerken Joh. Georg Zahn und Joh. Jak. Dörtenbach abgeschlossen, welchem gemäß diese letzteren anstatt der bisherigen „Überlosung" den Verschluß der Farben gegen eine bestimmte Abgabe von jedem Zentner an die Gewerkschaft auf eigene Rechnung erhielten. Solcher Vertrag wurde zwar zunächst nur auf 10 Jahre, dann aber längere Zeit immer wieder, in der Regel auf 3 Jahre, von Neuem abgeschlossen. Da die eigenen Kobalte zum Betrieb der Farbmühle nicht hinreichten, wurden solche durch die Calwer Gewerke, welchen wiederholt für ihren Eifer auch von Seiten der fürstenbergischen Regierung Anerkennung gezollt ward, unter Vorschießung des Geldes aus fernen Gegenden bezogen, so aus Bayern, Hessen, Nassau-Siegen, Österreich (Joachimsthal in Böhmen, Salzburg, Steiermark, Ungarn), Sachsen, Wallis, Piemont, Savoyen, selbst Schweden, in den 40er und 50er Jahren namentlich aber auch aus Spanien, einem Lande, in welchem der Name „Calwer Compagnie" damals „in gutem Kredit stund".

6

In Betracht kamen hier vor Allem die in den Pyrenäen nahe der französischen Grenze zu St. Juan und Plan gelegenen Kobalt- gruben des königlichen Stallmeisters urd Audienzprokurators Don Juan Antonio Estevan, welcher übrigens seine Privilegien zeit- weise an zwei Franzosen L'empereur und Boyers überlassen hatte. Mit diesen hatte der Farbmeister Joh. Christoph Weisser einen Accord abgeschlossen, in welchen er Zahn und Dörtenbach eintreten ließ. Abgesehen davon, daß diese längere Zeit einen Hüttenschreiber (Jakob Friedrich Mayer) in Südfrankreich und Spanien reisen ließen, unterhielten sie insbesondere in genann- tem Plan einen eigenen Mann, welcher die Kobalte in Empfang nahm und sie in Säcken über das Gebirge in das französische Städtchen Arreau spedierte, wo sie in Fäßchen verpackt durch französische Häuser über Toulouse (Haus Bonafour), Lyon und Straßburg gesandt wurden.

Nach angestellten Berechnungen wurden in den Jahren 1720—1733 von dem St. Joseph-Silber- und Kobaltwerk, den herrschaftlichen Zehnten und Schlagschatz abgerechnet, 386,212 fl. 53 kr. erlöst, hatte die Gewerkschaft im J. 1738 seit der Ver- waltung der Calwer Herren nach Abzug aller Spesen 22,478 fl. 54 kr. gewonnen, wurde bis ums Jahr 1762 etwa 1 Million Gulden an die Gewerkschaftsinteressenten ausgeteilt und bezog die fürstenbergische Herrschaft an Schlagschatz, Quatembergeld u. s. w. etliche 100,000 fl. Die Gewerkschaft war übrigens auch an anderen Gruben der Gegend, z. B. der zeitweise sehr ergiebigen Sophiengrube, von welcher allein im Mai 1760 24 Zentner 30 Pfd. gediegenes, zumeist dendritisches Silber zur Schmelzhütte geliefert und zu 973 Mark 9 Loth feinen Silbers ausgeschmolzen wurden, sowie an den Gruben „Güte Gottes", „St. Johann", „Neuglück" beteiligt. Allein etwa seit dem Beginn der 60er Jahre des vorigen Jahrhunderts wirkten verschiedene Umstände zusammen, den Gewinn des Geschäfts zu mindern: die Silberanbrüche ließen fast gänzlich nach, die eigenen Kobalte wur- den weniger und geringhaltiger, die fremden, deren Verarbeitung sich lohnender erwies, als die Gewinnung der inländischen Erze, teurer und schlechter, die Baukosten bei anderen Werken waren zu hoch, die Öfen und Sümpfe entsprachen nicht mehr, die Offizianten ließen zu wünschen übrig, eine neue in Gengenbach gegründete Farbmühle drückte die Preise, die 132 (beziehungsweise 120 bauenden) Kuxe waren zum Teil in Viertel, Achtel, Zweiunddreißigstel, Vierundsechzigstel geteilt, daher bei den Inhabern nicht das richtige Interesse vorlag. So wurde seit 1765 kein Gewinn mehr ausgeteilt, blieben die Öfen — es waren 2 Schmelzöfen und 4 Farbmühlgänge vorhanden — stehen und es erwuchs eine Schuldenlast von gegen 10,000 fl. Anderweitige Versuche der Gesellschaft, welche damals über die Hälfte aus Calwern, meist noch den alten Namen, dazu auch Beller, Schauber, sodann aus Tübingern und Stuttgartern, bestand, aufzuhelfen, mißlangen, und so kauften Dörtenbach und Konsorten, in der Folge Dörtenbach und Compagnie genannt, durch Johann Martin Notter und Christof Martin Dörtenbach am 29. Mai 1775 den Rest der ihnen noch nicht gehörigen 120 bauenden Kuxe samt der Farbmühle und allen Gebäuden, Zechen, Gruben und Vorrat um 13,200 fl. unter Abzug ihrer liquiden Forderungen von 9,419 fl. 32 kr. nebst ihrem gewerkschaftlichen Anteil, erhielten auch das alte Privilegium, dessen Zeit noch nicht ganz abgelaufen war, auf 50 Jahre von der wirklichen Einsetzung in den Besitz an verlängert: ein Vertrag, zu welchem die fürstenbergische Regierung am 3. August b. J. ihre Genehmigung erteilte. Die nunmehrige Gewerkschaft bestand z. B. im J. 1787 aus Joh. Jakob (dem Bürgermeister) und Mose (dem sogenannten Silbermose) Dörtenbach, Joh. Jakob Zahn, Joh. Martin Notter und Jakob Friedr. Haßenmajer, allmählig aber beschränkte sie sich auf Mitglieder der Familie Dörtenbach, zu welchen später noch obigen Mose Dörtenbachs Schwiegersohn Eberh. Heinr. Georgii, fürstenbergischer Bergrat, zählte.

Noch im J. 1808 waren ein Hüttenschreiber, ein Farbmeister, etliche 70 Bauleute, Laboranten u. s. w. in diesen Geschäften thätig, allein im J. 1816 wurde der Betrieb der Gruben und der Farbmühle eingestellt.

Im Jahr 1828 eröffneten Dörtenbach und Comp. wiederum den Betrieb einer Reihe von Gruben im Witticher Revier, wie

„Sophie, St. Joseph, Neuglück, Gnade Gottes, Simson, Haus Fürstenberg, Güte Gottes", und erhielten im Jahr 1830 die eigene Administration solcher Gruben von der Fürstenbergischen Standesherrschaft überlassen, welche sie bis gegen Ende der 30er Jahre betrieben, doch nahm der Verbrauch von Schmalte in denjenigen Ländern, welche das Hauptabsatzgebiet gebildet hatten, Frankreich und Holland, bald wieder ab, die Einbürgerung aus andern Stoffen hergestellter blauer Farbe, wie des Ultramarin, machte sich sehr geltend und so verkaufte die Gesellschaft das Farbwerk Wittichen im J. 1837 in fremde Hände und überließ im Jahr 1838 eine Reihe von Gruben, wie „Sophie, David, Ferdinand, Alt- und Neu-Wenzel" an die neugegründete Alpirsbacher Grubengewerkschaft.

Hinsichtlich der im württembergischen Gebiete gelegenen Bergwerke hatte im J. 1707 eine Winkelhofer'sche Gewerkschaft zu Nürnberg die St. Wolfgangsgrube im Glaswalde bei Alpirsbach für Kobaltgewinnung in Bau genommen und 1710 die Blaufarbmühle, welcher sich auch eine Schmelzhütte anschloß, erbaut; an ihre Stelle war jedoch im Jahre 1715 eine Straßburger Gewerkschaft getreten, welche im Dezember d. J. verschiedene Begünstigungen erhielt, auch den benachbarten St. Eberhardsgang belegte. In ihr befanden sich bereits im J. 1729 Veit Jakob Zahn und Joh. Georg Zahn, sowie Joh. Martin Vischer von Calw, 1744 waren Joh. Jakob Dörtenbach und Joh. Georg Zahn die Hauptgewerke, 1747 besaßen Dörtenbach und Zahn mit Consorten von den 130 Kuxen (darunter 126 bauende, 4 Freikuxen, 2 für die Regierung, 1 für Kirchen und Schulen, 1 für Arme), 54, und bis zum J. 1788 erwarben Dörtenbach und Comp. schließlich alle bauenden Kuxen, so daß sie die Alleineigentümer der beiden Gänge und der Farbmühle wurden.

Den 19. März 1743 hatte die Gewerkschaft von dem Herzog Administrator Karl Friedrich das alte Privilegium von neuem bestätigt erhalten: so namentlich die teils unentgeltliche, teils billige Abgabe des Holzes für den Grubenbau und den Betrieb der Farbmühle, die abgabefreie Einfuhr fremden Kobalts

zum Betrieb der Mühle, besondere Begünstigung in Bezug auf
Zoll- und Abgabenfreiheit sowohl für den Erwerb des zum Bergbau und Mühlebetrieb, als auch für den Lebensunterhalt der
Offizianten und Arbeiter Notwendigen, Steuerfreiheit hinsichtlich
der Gebäude u. s. w., die Berechtigung zum Handel mit der aus
fremdem Kobalt fabrizierten Farbe, Zaffra und Arsenik, die aus-
schließliche Berechtigung zur Schmaltefabrikation auf dieser Farbmühle oder auf einer sonst von ihr in der Gegend zu errichten-
den Mühle, wogegen vom Bergbau die üblichen Quatembergelder
und der Bergzehnte, bei der Farbmühle für die aus fremdem
Kobalt gewonnene Schmalte ein Rekognitionsgeld zu entrichten
waren. Es wurden bedeutende Kosten auf das Werk, die Bergwerke und die Mühle, verwandt, nebenbei vorübergehend auch andere
Gruben, wie z. B. die „St. Jakobs"-, die „h. Dreikönigstern"-
und die „Unverhofft Glücks-Grube" in der Reinerzau, die „St.
Johannesgrube" im Rohrbach bei Schiltach von der Gewerkschaft
gebaut oder mitgebaut, sowie zeitweise ein „schöner Bergsegen"
gezogen. Soweit bekannt, wurden während des Zeitraums von
1723—1757 nur in den J. 1728, 1729, 1732, 1740—1743
751 Zentner 58 Pfd. Kobalte gewonnen, wovon der Zehnte 650 fl.
49 kr. betrug, wurde ferner in den J. 1730—1734 für 17,000 fl.
Schmalte erzeugt und verkauft, betrug der Anteil der 2 herrschaftlichen Freikuxen während der Zeit von 1743—1788, hauptsächlich durch Benützung des spanischen Kobalts, in den Jahren
1743—1752 zusammen 520 fl., und soll nach einer Nachricht
vom Jahre 1752 die Farbmühle in wenigen Jahren über
100,000 fl. fremdes Geld ins Land gebracht haben. Allein das
Bergwerk sowohl als die Farbmühle blieben aus ähnlichen Gründen wie zu Wittichen wiederholt längere Zeit stehen, mochte auch
das Werk im J. 1790 wieder mit 1 Steiger und 8 Mann be-
legt sein, und nachdem der Bergbau im württembergischen Schwarzwald schon am Ende des vorigen Jahrhunderts überhaupt sehr
darniedergelegen war, wirkte nach Beginn des 19. Jahrhunderts
die Zollordnung des Jahres 1808, welche die älteren Zollbefrei-
ungen aufhob, die Freigebung des Ein- und Verkaufs der Haus-
asche und Potasche im J. 1809, wodurch der Mühle bei ihren

Materialien eine nachteilige Konkurrenz entstand, das Verbot der Ausfuhr auf badischen Gruben gewonnener Kobalterze im J. 1811, die Stockung des Absatzes über den Rhein infolge des Kriegs nachteilig. Nochmalige wiederholte Versuche der Gewerkschaft, so z. B. in den Jahren 1828 ff., das Werk in neuen Flor zu bringen, mißlangen, auch die Beteiligung an anderen Gruben, wie „Beistand Gottes", „Herzog Friedrich", führte zu keinem besseren Ergebnis, so unterblieb der Bau der Gruben, und im J. 1845 kam auch der Betrieb der Farbmühle, welche in den J. 1836—1845 an den badischen Bergwerksverein verpachtet gewesen war, in Stillstand, worauf dieselbe im Juli 1856 verkauft wurde. Am 31. Dezember 1858 erlosch schließlich die Stammfirma Dörtenbach und Comp. in Calw.

Ein dritter Ort, an welchem Calwer, etwas später als an den beiden ersteren, im Bergbau thätig wurden, war das württembergische, seit 1810 badische Hornberg. Es erhielten nämlich Joh. Georg Zahn, Joh. Jakob Dörtenbach und Christoph Mose Dörtenbach von Herzog Karl von Württemberg am 4. August 1751 ein Privilegium zur Errichtung einer Porzellanfabrik verliehen, vermöge dessen ihnen und ihrer männlichen und weiblichen Deszendenz die im Oberamte Hornberg im Offenbacher Thäle auf des sogenannten Bergbauern Abraham Bühlers Hofgut entdeckte weiße Erdengrube, wie dieselbe bereits bei dem Bergamt zu Alpirsbach nach Bergordnung und Bergmannsgebrauch gemutet worden, zu einem Erblehen in der Weise und mit der Erlaubnis überlassen wurde, dieselbe zu der beabsichtigten Fabrizierung von feinem und ächtem Porzellan, nicht aber auf andere Mineralien und Bergarten zu widmen und zu gebrauchen. Die Fabrik selbst sollten sie errichten dürfen, wo es ihnen im Herzogtum am bequemsten wäre, und sonst Niemand in demselben eine solche zu ihrem Schaden und Nachteil anzulegen gestattet sein. Unter einer größeren Reihe von Vergünstigungen wurde ihnen 20 Jahre lang Freiheit von Steuern u. s. w. gewährt, sowie das Beiflößen von Bau- und Brennholz zu ihrer Fabrik für die Zeit, da die „Handlungs- und Färbercompagnie" das ihrige flößen lasse, gestattet. Der Betrieb dieses Bergwerks durch die genannte Gesellschaft hat jedoch, wenn überhaupt recht begonnen, nicht lange gedauert.

Auch eine um die Mitte des 18. Jahrhunderts bestehende Bergwerksgesellschaft zum Betriebe der „Segengottes"-Grube bei Bulach zählte zu ihren Genossen Calwer Handelsleute, wie Gfrörer, Hayd, Vischer. Nachdem sie den Bau einige Zeit eingestellt gehabt hatte, betrieb ihn wieder, und zwar sowohl auf Silber als auf Kupfer, in der alten Grube wie in einer neuen „St. Georgs"-Grube am Reutenberg bei Liebelsberg der Bürgermeister Joh. Jak. Zahn von Calw, ein besonders eifriger, auch anderwärts thätiger Freund des Bergbaus, während der Jahre 1773 bis 1788, allein bald nach seinem Tode fiel das unergiebige Bergwerk wieder ins Freie. Bei der nochmaligen Wiederaufnahme des Bergbaus auf der erstgenannten Grube im J. 1820 waren die 128 Kuxe zum Teil wieder im Besitze von Calwern, z. B. Dörtenbach, Gärtner, Georgii, Vischer, Zahn u. a. und stand Bergrat Georgii an der Spitze der Gewerkschaft. Sie betrieb namentlich im Ziegelbachthale einen neuen, den Wilhelmsstollen, stellte aber im Beginn der 30er Jahre den Bau abermals ein.

Im J. 1826 rief, um die sonstigen Bergwerksunternehmungen von Calwer Häusern bis in die neueste Zeit zu verfolgen, die Firma Dörtenbach und Comp., vertreten durch ihre damaligen Teilhaber, E. H. Georgii und Georg und Karl Dörtenbach, den Badischen Bergwerkverein ins Leben, welcher die noch vorhandenen alten Gewerkschaften zu einer umfassenden Vereinigung verbinden und den Bergbau im badischen und württembergischen Schwarzwald, besonders in den alten fürstenbergischen Bergwerken, wieder in Gang zu bringen und den Bau auf Silber und Kobalt überhaupt energischer zu betreiben beabsichtigte. Es waren hiebei Mitglieder des badischen und fürstenbergischen Hauses beteiligt, von Calwern weiter namentlich Gärtner, Schauber, Stälin, Vischer, Zahn, sowie Herren von Tübingen, Stuttgart, Karlsruhe, Pforzheim, Hausach, auch wurden die Wolfacher und Witticher Gruben „St. Bernhard, Maria-Joseph, Eintracht" und „David" wieder in Betrieb gesetzt, allein der Verein kam zu keiner besonderen Blüte, wenngleich er noch gegen Ende der 40er Jahre bestand.

Bis um dieselbe Zeit hatten Dörtenbach und Comp. noch die Gruben „Herrensegen" und „St. Michael" im Wilden-Schapbach-thale betrieben und waren an dem im J. 1838 gegründeten Alpirs-bacher Bergwerksverein, welcher es übrigens zu keinem rechten Gedeihen brachte, mit 91 Kuxen beteiligt gewesen. Allein im J. 1847 verkauften sie diesen doppelten Besitz um 18,159 fl. 55 kr. als Ersatz für nach und nach aufgewandte Kosten an eine englische Gesellschaft, die Kinzigthal-Mining-Association, welche im badischen und württembergischen Schwarzwalde zu bauen begann und in deren Interesse sie noch die staatliche Genehmigung und einige besondere Vergünstigungen erwirkten.

Als ein viertes bedeutenderes Handelsgeschäft blühte dahier schon vor der Mitte des 18. Jahrhunderts die

Salzhandlung

von Notter und Stuber, später Notter und Comp. (Teilhaber Johann Martin Notter und sein gleichnamiger Sohn, der Hof-kammerrat, † 1802, sowie Jak. Friedr. Haßenmajer), 1798 ff. Notter und Seybold (Teilhaber der ältere Sohn des Hof-kammerrats Notter, der unvermählt verstorbene Gottlieb Joseph Notter, und Wilhelm Gottlob Seybold, Schwiegersohn des Christoph Martin Dörtenbach), 1804 ff. Seybold und Comp. in Verbin-dung mit Eichthal (damals Seeligmann in München, Augsburg und Karlsruhe). Diese Gesellschaft schloß insbesondere von Zeit zu Zeit mit Bayern Kaufverträge über bestimmte Quantitäten Salz ab, wobei die bayerische Regierung die Verpflichtung über-nahm, ihr weiteres Salzerzeugnis an andere nur zu einem solchen Preise zu verkaufen, daß die Käufer die Konkurrenz mit der Ge-sellschaft nicht aushalten könnten. Das Salz wurde hauptsächlich den Inn herab und die Donau aufwärts auf die Lagerplätze der Gesellschaft in Donauwörth, Lauingen — woselbst ein eigenes, zu-gleich auch Leinwandhandel treibendes Speditionshaus: Seybold, D(avid) Seeligmann und Comp., errichtet wurde — und Ulm be-zogen, von da an die Faktoreien und Gemeinden verführt. Für die Ausfuhr ihres Salzes gewährte die bayerische Regierung der Ge-sellschaft Mauterleichterungen in Bezug auf die Einführung von

Neckarweinen. Dieselbe versah den größten Teil Württembergs, Oberschwabens, der hohenzollerischen und fürstenbergischen Lande, einen Teil Badens mit Salz und das an die Gemeinden abgegebene Salz wurde in der Regel durch einen von ihnen aufgestellten Salzmesser mit einigem jedoch sehr mäßigen Aufschlag an die Einwohner verkauft. Die Verträge des Geschäfts, welches sich nebenbei wie die Zeughandlungscompagnie mit Wechseln befaßte, wurden übrigens durch andere Konkurrenten einigemale unterbrochen. Auch erhielt es im J. 1758 einen Stoß, als Herzog Karl die 626,000 Zentner Salz, die er von Frankreich aus Anlaß des 7jährigen Krieges statt der Subsidiengelder erhalten hatte, schnell in bares Geld umsetzen wollte und jeder Stadt und jedem Amt, auf 1 Person 14 Pfund gerechnet, ein Quantum gegen bare Zahlung, den Zentner zu 2½ kr., aufdrang. Bis dieses Salz verschlossen war, wurde alle Einfuhr und aller Verkauf von Salz bei Strafe der Konfiskation, Notter und Stuber insbesondere bei einer Strafe von 10,000 fl. verboten. Weiterhin that im Beginn der 70er Jahre des vorigen Jahrhunderts der lothringische Salzhandel des baden-durlach'schen Kammerrats Libel zu Pforzheim, des bereits (S. 73) genannten früheren Neuenbürger Industriellen, der Gesellschaft sehr Abbruch, sie trat daher unter Genehmigung der Regierung mit der französischen Salinendirektion zu Dieuze in Unterhandlung, um für Württemberg in den Libel'schen Salzkontrakt eintreten zu können, wie es scheint übrigens ohne den gewünschten Erfolg. Trotz solcher einzelner Störungen war jedoch das Geschäft zeitweise sehr blühend, gegen Ende des vorigen Jahrhunderts wohl das einträglichste der Calwer Geschäfte. So stellten z. B. Notter und Stuber im J. 1737 dem Juden Süß einen offenen Kreditbrief für 30,000 fl. zu Gunsten des Obersten Laubsky auf Markus Schmerbein in Leipzig aus, welcher jedoch infolge des Sturzes von Süß nicht, bezw. nur hinsichtlich einer kleineren Summe zum wirklichen Vollzuge kam. In den Jahren 1772—1797 warf die Handlung 443,100 fl., somit durchschnittlich 17,000 fl. im Jahre ab, so daß das Vermögen des Hofkammerrats Notter, welcher einer der reichsten Männer in Altwürttemberg gewesen sein soll, bei seinem Tode (im J. 1802) sich auf etwa

750,000 fl. belief, ein Vermögen, welches in den Händen seines zweiten Sohnes, des Hauptmanns Rotter, der im russischen Feldzug seinen Tod fand, bis auf 100,000 fideikommissarisch belegte Gulden verloren ging. Durch General-Rescript vom 14. Dezember 1807 nahm die Regierung, nachdem der Gesellschaft in ihrer letzten Zeit die Bezahlung einer Aversalsumme an die Staatskasse auferlegt worden war, das Monopol des Salzhandels in Anspruch, womit, wie der Salzhandel von Kommunen und Privatpersonen überhaupt, so derjenige dieser Gesellschaft sein Ende erreichte.*)

Weitere Gewerbe und sonstiger Handel von größerer Bedeutung bis in die neuere Zeit.

Schon in früheren Jahrhunderten hatte neben der Zeugweberei das Tuchmachergewerbe dahier geblüht. So errichtete dieses Handwerk, wie bereits (S. 53) erwähnt, gegen Ende des 15. Jahrhunderts eine zweite Walkmühle dahier und verglichen am 21. September 1510 die Bürger und die hiesigen Tuchmacher Streitigkeiten ihres „Handwerks und Ordnung halb“, insbesondere wegen des Meisterrechts und dessen Betrags. Die Tuchmacher verkauften auch in der Folge ihre aus Landwolle gearbeiteten Tücher unabhängig von einander an die Landleute und trieben daneben lebhaften Handel mit zu Zug verarbeiteter langer Wolle. Nach dem Erlöschen der Zeughandlungscompagnie ging auch das Wollzeuggeschäft allmählig in Tuchfabrikation über und zwar geschah dies in folgender Weise.

An der Stelle der Compagnie bildeten sich alsbald zwei kleinere Gesellschaften, Wagner und Comp. und Schill und Comp., welche den Versuch machten, die Wollzeugfabrikation ohne die

---

*) In altwürttembergischer Zeit war der Salzstadel, d. h. das Recht Salz um Bezahlung auszumessen, in der Regel den Amtsstädten zugestanden, welche das Salz an ihre Orts- oder Amtsinsassen verkauften, nachdem sie es von der herrschaftlichen Saline zu Sulz oder von auswärts, so z. B. eben durch die Vermittlung obiger Salzhandlung, bezogen hatten. So hatte sich denn in Calw bei der städtischen Salzkasse allmälig ein zu Kapital angelegter Überschuß von etlichen 20,000 fl. angesammelt, welcher bei Aufhebung des städtischen Salzverkaufs mit dem städtischen Vermögen vereinigt wurde.

Privilegien, denen hinwiederum Verpflichtungen zur Seite gestanden waren, fortzusetzen. Es gelang dies so lange, bis in Italien in Folge der Verbindung desselben mit Frankreich Douanen auf französischem Fuße und Einfuhrverbote angeordnet und der Hauptmeßplatz Bozen, Oberitalien und der Kirchenstaat Teile des französischen Reiches wurden (1805). Als Italien im J. 1814 von der französischen Herrschaft frei geworden und andere Zollsysteme noch nicht Platz gegriffen hatten, lebten die alten Handelsverbindungen schnell wieder auf und die beiden Gesellschaften vereinigten sich wieder unter der Firma Wagner, Schill und Comp.; allein im J. 1817 umschlossen die österreichischen Zolllinien Tirol und die Lombardei, dadurch stockte der Absatz in diese Gegend abermals und konnte um so weniger erhalten werden, als auch andere italienische Staaten hohe Zölle einführten und überdies der Gebrauch der billigen Calwer Wollzeuge durch noch größere Wohlfeilheit der Baumwollstoffe verdrängt wurde. Unter diesen Verhältnissen lenkte sich die Gewerbsthätigkeit auf den Versuch der Fabrikation von mittelfeinen und feinen Wolltüchern, Casimirs, Segowies u. s. w. nach englischem, französischem und niederländischem Vorbilde. Allein der Kampf mit fremder Fertigkeit und Konkurrenz, den belgischen, französischen und englischen Etablissements, war zu ungleich, zumal da noch bis zum J. 1816 alles von der Hand gefertigt wurde, und verursachte Opfer, welche mehrere Fabriken (Braun und Krauß, Zahn und Georgii) veranlaßten, in den Jahren 1817 und 1818 ihre Geschäfte aufzugeben. Doch waren inländische Wolle, Fabriklokale, Maschinen und Hilfsgewerbe einmal vorhanden, allmählig wurden auch größere Einsicht in der Fabrikation und die nötigen Kräfte an Maschinen und geschickten Arbeitern erworben, und so trat der alten Firma Wagner, Schill und Comp. eine neue von Karl Chr. Wagner zur Seite. Nach dem frühen Tode des Besitzers von dessen Schwiegervater Chr. Hch. Schill, Mitinhaber der älteren Firma, weitergeführt nahm dieselbe im J. 1835 die Firma Schill und Wagner an und erhielt in der Folge unter der Beteiligung von Gustav Seeger, Georg und Karl Dörtenbach, Friedrich Schauber, Adolf Stälin, eine Neugestaltung, während Wagner Schill und Comp., seit

1. November 1835 an Dörtenbach und Schauber, nach Aufgabe der Tuchfabrikation nur noch Wollspinnerei im Lohn betrieben. Außerdem entstanden aber auch Werkstätten von Meistern, welche von dem Betrieb einzelner Stühle zu dem Fabrikbetriebe mit einer größeren Zahl von Stühlen aufstiegen (Wöhrle, Würz, Rank). Das Haupterzeugnis war längere Zeit eine Gattung mittelfeiner Tücher, die sich durch Wohlfeilheit und solide Farbe auszeichneten, wie denn auch ununterbrochen Tücher für den Bedarf des Militärs, des Post-, Eisenbahn-, Schutzwachendienstes u. s. w. geliefert wurden. Gebrauch und Mode minderten den Absatz gewöhnlicher Tücher und bei der Mitbewerbung sächsischer, schlesischer und niederländischer Tücher verlegten sich Fabrikanten und Meister auch auf andere Modewollstoffe, als Satin, Buckskin, Flanell, Mantelstoff, Jacquardgewebe, wobei es ihnen gelang, sich einen Ruf zu verschaffen und den größeren Markt, selbst außerhalb Deutschlands mit Erfolg zu betreten.

Bereits am 24. Januar 1849 hatten die 63 berechtigten Tuchmachermeister die Walkmühle unterhalb des Pfaffenbrunnens um 12,000 fl. an Joh. Kohler verkauft, welcher die Verpflichtung übernahm, hier stets eine zweckmäßige, den Anforderungen der Zeit entsprechende Walkmühle-Einrichtung zu unterhalten, im J. 1865 diese Mühle jedoch an Fr. Wöhrle verkaufte. In neuester Zeit hat nun aber das Tuchmachergewerbe fast ganz aufgehört, die größeren heutigen Firmen dieses Zweiges der Wollindustrie, Schill und Wagner und Gustav Friedrich Wagner verfertigen nur Wolldecken in glatten und Jacquardgeweben, sowie Flanelle und Loden. Ersterer Firma trat im J. 1871 Emil Zöppritz aus Heidenheim bei und die letztere nahm im J. 1885 die ihr verwandte Firma C. Sannwald und Comp. in Nagold in sich auf. Beide Geschäfte haben im Laufe der letzten Zeit ihre Betriebe bedeutend vergrößert.

Die schon erwähnten Tuchfabriken Braun und Krauß, Wagner Schill und Comp., Zahn und Georgii, errichteten dahier im J. 1816 die ersten mechanischen Wollspinnereien in Württemberg überhaupt. Die dazu erforderlichen Streich- und Spinnmaschinen bezogen die erstgenannten zwei Fabriken aus der Cockerill'schen Werk-

stätte in Lüttich, die dritte ließ solche hier bauen. Später wurden
viele derartige Maschinen nach Cockerill'schem System hier ange=
fertigt und nach außen davon abgesetzt. Anfänglich wurden in
zwei dieser Fabriken die Maschinen durch Pferde in Bewegung
gesetzt; bei deren Vermehrung ging man zur Benützung der
Wasserkräfte über und Wagner, Schill und Comp. vereinigten
während längerer Zeit den Betrieb von 4 Spinnereien in Calw,
Hirsau, Ernstmühl und Liebenzell mit ihren Geschäften unter der
technischen Führung von Mathieu Berguenheuse aus Verviers, der
im J. 1817 aus dem Cockerill'schen Geschäfte hierher übersiedelte.
Die in der Folge von Dörtenbach und Schauber an Schill und
Wagner überlassene Spinnerei in Ernstmühl brannte im J. 1868
ab und wurde nicht wieder aufgebaut. Die Wasserkraft mit den
dazu gehörigen Wohn= und Wirtschaftsgebäuden ging durch Kauf an
Ernst Ludwig Wagner in Calw über, welcher ein Sägwerk da=
selbst einrichtete, wogegen die Firma Schill und Wagner als Er=
satz für die abgebrannte eine neue Wollspinnerei in der Stadt
Calw selbst auf ihrem hier gelegenen Besitztum erbaute. Heut=
zutage befindet sich in Calw außer der ebengenannten, dem eigenen
Geschäftsbetrieb dienenden Wollspinnerei nur noch die von Fr.
Wöhrle in der früher der Tuchmacherzunft gehörigen Walkmühle.

Die alte Wollfärberei erhielt sich gleichfalls in der Stadt,
so daß die heutzutage bestehenden Woll=, bezw. Baumwollfärbereien
Ernst Ludw. Wagner, jetzt Louis Korndörfer, Louis Federhaff, jetzt
Adolf Sautter, Adolf Ritter, jetzt Gottlob Wörner, und Franz
Schönlen einen bedeutenden Geschäftsbetrieb und eine weitver=
breitete Kundschaft haben.

Eine Türkischrotfärberei von Ferdinand Kaiser, welche
mehr als 30 Jahre hier bestand, erlosch, wie mehrere derartige
Geschäfte Württembergs, wohl infolge des Übergewichts der rhei=
nischen Rotfärbereien im J. 1848.

Wollhandel wurde in den 30er Jahren dieses Jahrhunderts
namentlich von Christ. Ludwig Wagner in ziemlichem Umfange
betrieben.

Die Strumpfweberei beschäftigte, in keiner Gesellschaft be=
trieben, schon mindestens am Ende des vorigen Jahrhunderts viele

in den benachbarten Dörfern angesessene Meister, von welchen die Unbemittelten seitens der Unternehmer die Stühle angeschafft erhielten. Sie bediente sich neben der Landwolle italienischer, wallachischer und böhmischer Wolle und handelte, namentlich auf den Messen zu Frankfurt, Straßburg, Zurzach, nach Hamburg, Danzig, Petersburg, in die Schweiz, nach Frankreich, in der Folge auch nach Holland, Italien, Amerika. Sie brachte inbesondere die vor Alters beliebten und vielgerühmten Calwer gestoppten Röcke, wie auch Strümpfe und Handschuhe in den Handel, litt übrigens später durch die Zollschranken in fremden Ländern und durch die Kostspieligkeit neuer Erfindungen und Verbesserungen, welche sich beim Stocken des Absatzes nicht so bald hier einführen ließen. Die bedeutenderen Firmen dieses nunmehr eingegangenen Geschäftszweiges waren Federhaff, Stroh, Wagner.

Wie die Zeugfabrikation allmählich in die Tuchfabrikation überging, so folgte der Strumpfweberei die Strumpfstrickerei, welche einen sehr beliebten Teil der männlichen Bekleidung an Jacken, Strümpfen, Schuhen u. dgl. erzeugte, so daß die Arbeitskräfte in nahen und entfernten, in vielen Oberämtern zerstreut liegenden Orten durch Agenten gewonnen werden mußten. Die rasche und große Ausdehnung, welche dieses Geschäft hauptsächlich infolge des sehr bedeutenden Absatzes nach Nordamerika fand, ließ in kurzer Zeit etwa 20 Firmen für dasselbe entstehen und nahm auch gleichzeitig die Thätigkeit der Färbereien, Walkmühlen, der Zwirnerei und vieler Hände durch Näharbeit bis zur Vollendung der Ware in Anspruch. In neuester Zeit ist jedoch an seine Stelle die Trikotweberei und Maschinenstrickerei getreten, welche teils in größeren Geschäften (Christ. Ludwig Wagner, G. J. Stroh jun., Gust. Fr. Schüle u. s. w.) teils als Hausindustrie betrieben wird.

An diese aus früherer Zeit stammenden oder solchen angeschlossenen Gewerbszweige reihten sich weiter in den 30er Jahren zwei mechanische Baumwollspinnereien. Die eine derselben von J. F. Stälin und Söhne, eine halbe Stunde oberhalb der Stadt an der Nagold, im J. 1835 gegründet und Tanneneck genannt, erhielt im J. 1860 eine mehr als verdoppelte Ausdehnung

durch Erbauung einer mit ihr verbundenen Spinnerei und spätere
Einrichtung einer Zwirnerei in Kentheim, welcher die Nagold in
einem neu angelegten größeren Wasserwerk die Wasserkraft liefert.
Im J. 1857 wurde in Tanneneck eine Arbeiterwohnung für 100
Arbeiter erbaut. Die andere Baumwollspinnerei, eine halbe Stunde
unterhalb der Stadt im J. 1837 im sogenannten Gutleuthaus
errichtet, von Alb. Armbruster, Fritz Kaiser und Karl Fecht, später
Fischer und Comp., W. F. Münster, ist seit 1881 eingegangen.
Das Werk, seither im Besitz der Firma Gust. Fr. Wagner dahier,
ist zum Betrieb ihrer Wolldeckenfabrikation umgewandelt.

Die Fabrikation des für mechanische Woll- und Baumwollspinnereien unentbehrlichen Hilfsmaterials, der Woll- und Baum-
wollkratzen, deren Herstellung früher durch mühevolle und unge-
naue Handarbeit bewirkt worden war, verpflanzten Dörtenbach und
Schauber im J. 1837 in Verbindung mit dem Hause Papavoine
und Chatel in Rouen hieher. Das Geschäft führte im J. 1859
die erste Dampfmaschine in der Stadt ein, erlosch jedoch im Jahr
1878. Seit 1872 betreibt H. F. Baumann aus Winterthur
die gleiche Fabrikation und hat dieses Geschäft, seitdem er die
Fabrikeinrichtungen der eingegangenen Firma Dörtenbach und
Schauber übernommen, zu bedeutender Ausdehnung gebracht.

Bier scheint schon im 17. Jahrhundert hier ziemlich viel
gebraut worden zu sein, denn als die Regierung zum Zwecke
der Emporbringung des Weinbaues am 20. Februar 1651 und
29. März 1663 das Bierbrauen im ganzen Lande verbot, war
Calw eine der 4 Städte, welchen es noch gestattet sein sollte.
Freilich fand hier auch kein Weinbau statt und ist nur aus
dem Namen der Halde Wingert auf der benachbarten Markung
Stammheim schon der Schluß gezogen worden, daß dort bereinst
Wein gepflanzt worden sei, wie dies denn auch daselbst seit einigen
Jahren versuchsweise wieder etwas geschieht. Bierbrauereien
von bedeutenderem Geschäftsbetrieb sind heutzutage die von Julius
Dreiß, Louis Hiller zum Schiff, Gustav Hayd's Wwe., Konrad
Miller zur Linde, Jakob Reichert, Gustav Rau, Ernst Reichert
zur Schwane. Einiger Weinhandel wurde hier schon in alt-
württembergischer Zeit getrieben und auch die heutigen Wein-

handlungen Ernst Ludw. Wagner, Giebenrath und Klinger, Martin Dreiß haben, selbst nach entfernteren Gegenden, einen ausgedehnten Geschäftsbetrieb.

Das, wie schon (S. 54) erwähnt, alte Gewerbe der Loh=gerberei erfreute sich auch in den späteren Jahrhunderten einer bedeutenden Blüte und vererbte sich in den einzelnen Firmen durch Generationen. Wenn jedoch am Ende des vorigen Jahr=hunderts 20 Rotgerberwerkstätten hier gezählt wurden, so hat die Zahl derselben abgenommen, so daß heutzutage nur noch 4 be=deutende solche Gewerbe, übrigens mit beträchtlichem Umsatze, Ph. Jak. Bozenhardt und Sohn, Carl Kappler, Schnaufer und Sohn, Friedrich Gärtner, hier bestehen. Verarbeitet wird der Hauptsache nach Sohlleder, nebenbei sogenanntes Zeugleder.

Gegen Ende des vorigen Jahrhunderts wurden von 3 Meistern jährlich gegen 12,000 Stück Saffianfelle rot, blau, grün, gelb und schwarz gegerbt und ins Ausland, nach Italien, wo besonders grün und blau beliebt war, nach den Niederlanden, nach Oberschwaben und Sachsen verkauft; bezogen wurden die Felle aus der Schweiz, besonders Appenzell und Umgegend, sowie Graubünden. Das Geschäft blühte bis ums Jahr 1817 haupt=sächlich durch den Absatz, welcher vermittelst der Leipziger Messe nach Rußland und Polen stattfand. Noch bedeutender als die in Calw selbst befindlichen Geschäfte dieser Art, so z. B. von Schill, Bozenhardt, Wöhrle, war übrigens und besteht auch allein noch heutzutage eine Fabrik von Saffian und gefärbtem Schaf=leder, welche in ihrem Ursprung bis auf das Jahr 1766 zurück=geht, durch Angehörige von Calwer Familien, Haßenmajer und Zahn, im benachbarten Hirsau betrieben wurde, seit 1886 jedoch unter der alten Firma J. F. Haßenmajer und Zahn von Ferdinand Roser aus Stuttgart weitergeführt wird. Auch als der gegen Ende des 2. Jahrzehnts dieses Jahrhunderts eingeführte hohe Eingangs=zoll nach Rußland die Geschäfte ins Stocken brachte, erhielt die Fabrik ihren weit verbreiteten Ruf, sowie ihre Handelsverbind=ungen mit allen Ländern, besonders den Hauptstädten Europas und über die See, soweit nicht Einfuhrverbote entgegenstanden.

Die Weißgerberei in alaungarem Leder u. s. w. wurde

nicht von hervorragender Bedeutung, betrieb übrigens seit alter Zeit nebenbei die Fabrikation von Leim, der zu der besseren, dem Kölner Leim nahekommenden Gattung gehörte. Seit neuerer Zeit befindet sich übrigens nur noch eine Weißgerberei von Wilh. Balz am Platze, welche sich jedoch nicht mit Leimfabrikation befaßt; wogegen eine Leimsiederei ohne Gerberei in größerem Maßstabe von Friedr. Kohler betrieben wird.

Mit Farbwaren, insbesondere Indigo, betrieben Großhandel gegen Ende des vorigen Jahrhunderts Jakob Friedrich Schill (s. u.), in den zwanziger bis in die vierziger Jahre dieses Jahrhunderts zwei Firmen: Immanuel Heermann und Heinrich Gaspar und Söhne.

Eine von Heinrich Hutten im Jahre 1849 gegründete Cigarrenfabrik hat sich zu einem bedeutenden Geschäftsbetrieb mit ausgedehntem Absatzgebiet entwickelt.

Im J. 1866/67 wurde hier eine Handels- und Gewerbekammer für die Oberamtsbezirke Calw, Neuenbürg, Freudenstadt, Nagold und Herrenberg errichtet, deren erster Vorstand Kommerzienrat Georg Dörtenbach war.

Der rege Handelsgeist Calws beschränkte sich jedoch, wie wir bereits an einigen Beispielen gesehen haben*), nicht darauf, von der heimatlichen Stätte aus zu wirken, sondern einzelne Calwer oder Calwer Gesellschaften gründeten auch sonst im Lande, selbst außerhalb Württembergs und Deutschlands, zum Teil erfolgreiche Handelsgeschäfte, von welchen insbesondere einige im Folgenden noch erwähnt werden sollen.

So errichtete Christoph Mose Dörtenbach im J. 1750 in Verbindung mit Christian Gottlob Koch in Stuttgart an letzterem Orte ein zuerst unter der Koch'schen Firma betriebenes Handelsgeschäft mit Zucker, Thee, Kaffee, Gewürz, sowie gelegentlich zum Betrieb von Wechsel-, Speditions- und Kommissionsgeschäften. Nach seinem Tode im J. 1753 traten an seine Stelle Dörtenbach und Zahn in Calw und nach dem Aufhören der Koch'schen

---

*) Vgl. oben S. 69, 80 ff.

7

Beteiligung wurde das Geschäft im J. 1770 alleiniger Besitz des Hauses Dörtenbach und Comp. in Calw, welches es als Kommandite unter der Firma Zahn und Comp. weiterführte (Teilhaber namentlich Johann Jakob, Georg Christoph Mose, Christoph Martin Dörtenbach, Johann Jakob Zahn, Johann Martin Notter, Jakob Friedrich Haßenmajer). Es wurde nach dem Hause, in dem es längere Zeit betrieben wurde, damals einem der schönsten Privatgebäude Stuttgarts, auch die Calwerhausgesellschaft genannt. Nach Beginn des 19. Jahrhunderts befaßte es sich, im J. 1817 eine selbständige Firma geworden, immer mehr, zuletzt ausschließlich mit Eisen- und Kupferhandel, wie es denn eben im J. 1817 den, 1861 wieder verkauften Kupferhammer zu Liebenzell erbaute, und blüht noch heutzutage, nachdem auch Glieder der Familien Georgii, Schauber, Stälin im Erbgange Anteil erhalten hatten, im Besitze von Kommerzienrat Carl Dörtenbach und Gustav Stälin.

Georg Christoph Mose und Christoph Martin Dörtenbach, Jakob Friedrich Haßenmajer und Johann Martin Vischer riefen im J. 1787 durch Beteiligung mit je 25,000 fl. in Verbindung mit Emmanuel Friedrich Wagner, welch' letzterer sich in Amsterdam niederließ, in dieser Stadt ein Kommissions- und Speditionsgeschäft unter der Firma Wagners zunächst für die Jahre 1788 bis 1799, sodann als nach dem Ablauf dieser Zeit Johann Christian Wächter beitrat, unter derjenigen: Wagner, Wächter und Comp. ins Leben. Die Calwer Kommanditäre versprachen für auswärtige Akkreditive und weitere Fonds, wenn erforderlich, zu sorgen, sowie ihre eigenen Geschäfte und nach Möglichkeit diejenigen ihrer Familien diesem Geschäfte zuwenden zu wollen. Dasselbe wurde jedoch nach 24jähriger Dauer mit dem 31. Dezember 1811 wieder aufgehoben, als der holländische Handel durch die unter französischer Herrschaft eingetretene sogenannte Kontinentalsperre in den Jahren 1808 und 1809 niedergedrückt worden war.

In den 1790er Jahren siedelte ein Mitglied der Holzhandlungscompagnie, Grab, nach Pforzheim über und schloß sich dortigen Handlungsgeschäften an, worauf seine Nachkommen (Bohnenberger, Dennig, Wohnlich) in Pforzheim und Augsburg größere Unternehmungen fortsetzten oder hervorriefen.

Jakob Friedrich Schill, dessen Familie schon in den 30er Jahren des 18. Jahrhunderts in der Zeughandlungscompagnie das Indigogeschäft leitete und welcher selbst ums J. 1780 einen Handel mit amerikanischen Häuten und Farbwaren, insbesondere Indigo, in Calw betrieben hatte, siedelte nach Beginn des 19. Jahrhunderts (1801) nach Stuttgart über und wurde der Gründer der dortigen großen Farbwaren- und Indigohandlung dieses Namens, die sich später in zwei selbständige Firmen, heutzutage unter den Namen J. F. Schill und Comp. und E. Schill, teilte. Ein anderer Calwer, Johann Martin Vischer, ermöglichte im J. 1798 durch Unterstützung mit einem bedeutenden Kapital die Gründung einer zweiten großen Indigohandlung daselbst, derjenigen des Bruders seiner Gemahlin, Karl Feuerlein, bei welcher auch ein Sohn Vischers zeitweise thätig war. Auch die frühere Calwer Salzhandlung Seybold und Comp. ging, als ihr ursprünglicher Handelszweig nicht weiter zu betreiben war, während der Jahre 1808 bis 1813 in Stuttgart zum Indigogeschäft über.

In Friedrichshafen gründeten Angehörige der Familien Zahn und Dörtenbach aus Anlaß des Baues zweier Häuser daselbst im J. 1808, wodurch sie für ihre Söhne auf 6 Jahre Konskriptionsfreiheit erhielten, das Speditionshaus Zahn und Dörtenbach, eine Firma, welche in der Folge durch Einverleibung in das Speditionshaus Bossert und Klaiber erlosch.

Ein Sohn des Kronenwirts Bodemer, Joh. Jak. Bodemer, (geb. 1762, † 1844) übernahm, nachdem er zuerst in Leipzig Lederhändler gewesen, die zuvor staatliche Kattundruckerei zu Großenhain (sächs. Regierungsbezirks Dresden), später eine solche im Privatbesitz zu Eilenburg (preuß. Regierungsbezirks Merseburg) und errichtete eine Bleiche, sowie 1819 eine Baumwollspinnerei zu Zschoppau im sächsischen Erzgebirge, Geschäfte, welche den Namen Bodemer zu einem hervorragenden in der Industrie jener Gegenden gemacht haben und von welchen die zu Großenhain und Zschoppau noch jetzt im Besitze der Enkel des Gründers blühen, während einige Zeit lang auch ein Neffe desselben, Gottfried Stroh aus Calw, an ihnen beteiligt gewesen war.

Georg Dörtenbach (s. u.) errichtete im J. 1832 im Verein

mit P. Cavallo, Hch. Kroll in Pforzheim, Th. Barton und Ober-
gerichtsadvokat Rindenschwender in Rastatt, für welch' letzteren bereits im folgenden Jahre Adolf Stälin eintrat, die dritte Fabrik
für Maschinenpapier in Württemberg unter dem Namen P. Cavallo
und Comp., welche, nachdem diese Teilhaber verstorben, an Eduard
Hallberger, später Deutsche Verlagsanstalt in Stuttgart, überging
und noch jetzt als Zweiggeschäft dieses Unternehmens blüht.

Als eine Abzweigung der alten Bergwerksgesellschaft Dörtenbach und Comp. errichteten Georg Dörtenbach und Bergrat Eberhard Heinrich Georgii mit ihren Söhnen Georg Dörtenbach, dem
späteren bayrischen Konsul, und dem bereits (S. 51) genannten
Emil Georgii, zu welchen in der Folge noch ein jüngerer Sohn
Dörtenbachs, Paul, hinzutrat, im J. 1845 das Bankhaus Dörtenbach und Comp. in Stuttgart, welches wieder das alte „Calwer
Haus" daselbst erwarb.

Gebrüder Federhaff von Calw gründeten im J. 1855 zu
Wittichen (bad. B. A. Wolfach) und in der Folge auch auf dem
Enzhof im kleinen Enzthal (OA. Neuenbürg) in Verbindung mit
dem Stuttgarter Hause Böhringer chemische Fabriken für trockene
Holzdestillation (Bleizucker, Essigsäure). Nach Böhringers Aus-
tritt im J. 1862 betrieben sie die Fabriken auf alleinige Rechnung, bis sie nach Veräußerung der Fabrik auf dem Enzhof im
J. 1865 mit der Fabrik zu Wittichen dem heute noch bestehenden Verein für chemische Industrie in Mainz als Mitbegründer
beitraten.

Außer den früher genannten verdankten sodann zwei weitere,
heutzutage blühende Stuttgarter Geschäfte ihrer Verbindung mit
Calw, d. h. der Verehelichung ihrer Gründer bezw. Inhaber mit
Töchtern Christoph Martin Dörtenbachs, einen wesentlichen Teil
der notwendigen Kapitalien oder wenigstens des erforderlichen
Kredits: das im J. 1795 gegründete Bankhaus Stahl und Federer,
anfangs zugleich Kolonialwarengeschäft, sowie das, übrigens schon
vom J. 1747 stammende, Tuch- und längere Zeit auch Woll-
geschäft von Georg Heinrich Keller, später G. H. Kellers Söhne,
in neuerer Zeit daneben gleichfalls Bankhaus.

Endlich verdienen Erwähnung einige Gründer bedeutenderer

auswärtiger Geschäfte, welche zwar nicht geborene Calwer sind, allein zu der Stadt in naher Beziehung standen bezw. stehen: Johann Georg Gutruf, Sohn des hiesigen Bürgers, Metzgers und Kronenwirts Gutruf, geb. 1816 zu Mauer im Ghzgtm. Baden, † 1884: er trat 1841 in das Juwelengeschäft seines Schwiegervaters Brahmfeld in Hamburg und gründete dort unter der Firma Brahmfeld und Gutruf ein Großhandlungsgeschäft in Juwelen und Diamanten, welche er durch besondere Agenten in Afrika aufkaufen ließ; zu seinem Nachfolger hatte er neben seinem Schwiegersohn seinen Neffen Otto Bozenhardt, einen geborenen Calwer, welcher heutzutage der Chef des Geschäfts unter der Firma Bozenhardt und Comp. ist. Sodann Viktor Zahn, von der bekannten Calw-Hirsauer Familie, geb. zu Hirsau 1839, seit 1883 Chef der Firma V. Zahn und Comp., namentlich für Korinthenhandel, in Kalamata (in Morea), auch deutscher Konsul.*)

Mehrere Namen älterer Calwer Handelsfamilien, wie Grab, Notter, Vischer, Dörtenbach sind übrigens heutzutage hier nicht mehr vertreten oder ihre Träger wenigstens nicht mehr dauernd daselbst wohnhaft, während andere, wie Mayer, Walter, Gfrörer, Demmler, wenigstens bei größeren Gewerben und beim bedeutenderen Handel nicht mehr erscheinen.

Daß Gewerbe und Handel eine solche Blüte dahier erreichten, ist um so anerkennenswerter, als das für ihr Gedeihen nicht unwichtige

Straßen- und Verkehrswesen

längere Zeit ziemlich verkümmert war. Es dürfte zu dessen Geschichte folgendes hervorzuheben sein:

Die obere steinerne Brücke wird bereits im J. 1435, die untere zum Mindesten im J. 1633 erwähnt; 1686 wurde der erste Steg (Weinsteg) zum Bischof hinüber, 1863 der neue eiserne Weinsteg um den Preis von 2600 fl. von Benckiser in

---

*) Die Angabe, in London habe sich in der Nähe von Old Broad Street in der Ecke eines Häuserviertels am Eingang zu einem Kaufhause der Hansa eine steinerne Inschrift mit dem Namen der Stadt Calw befunden, ließ sich nicht feststellen.

Pforzheim erbaut, im J. 1865 am oberen Ende der Stadt ein zweiter eiserner Steg, der sog. Biersteg, errichtet.

Im J. 1772 ff. wurde die Vizinalstraße von Stuttgart nach Calw auf Kosten verschiedener Städte und Ämter, der herzoglichen Kammer und der gemeinschaftlichen Straßenkasse, sowie mit Beiträgen von der Landschaft chausseemäßig hergestellt, im Juli 1838 der Bau der neuen Straße von Hirsau nach Wildbad über Oberreichenbach, zu welchem die Stadt einen Beitrag von 7000 fl. lieferte, begonnen und die Strecke bis Oberreichenbach am 15. Juni 1840, bis Calmbach am 1. August d. J. eingeweiht. Am 15. Juni 1857 fand die feierliche Eröffnung der Straße Wildberg-Calw-Pforzheim, der sog. Wilhelmsstraße, statt.

Nachdem König Friedrich die Posten in eigenen Besitz genommen hatte, wurde im J. 1807 die Anordnung getroffen, daß außer der seitherigen Ordinaripost vom 1. Juli an jeden Mittwoch abends 6 Uhr eine reitende Post von Stuttgart nach Böblingen, Herrenberg, Calw, am Donnerstag von Calw, Herrenberg, Böblingen nach Stuttgart gehen sollte. In der wieder folgenden thurn- und taxis'schen Postperiode, zum Mindesten in ihrer späteren Zeit, bestand eine tägliche Postwagenverbindung mit Stuttgart über Böblingen und mit Wildbad, sowie mit Herrenberg (je hin und her). Im August 1837 wurde die erste Brieflade an dem Postgebäude angebracht. Nach der erneuten Übernahme der Posten durch den Staat (1851) wurden im J. 1852 zwei Postwagenkurse von Stuttgart nach Calw, der eine über Böblingen, der andere über Leonberg, eingerichtet, welche Sommers zweimal, Winters einmal nach Wildbad fortgesetzt wurden; daneben wurde ein Postkurs Calw-Herrenberg-Tübingen(-Reutlingen) unterhalten. Weitere Kurse wurden eingeführt: im J. 1857 nach Pforzheim über Liebenzell, im J. 1859 nach Nagold, im J. 1863 eine zweite Fahrt über Liebenzell nach Pforzheim, eine dritte über die Solitude nach Stuttgart, im J. 1865 eine zweite Fahrt nach Nagold. Mit der allmälig fortschreitenden Ausdehnung des Eisenbahnnetzes in der Calwer Richtung kamen die Postwagenfahrten, denen im J. 1872 für kurze Zeit eine dritte nach Pforzheim beigefügt worden war, so auch diejenigen nach Herrenberg (1872) und Wildbad (1874)

in Wegfall. Neben der Post bestand längere Zeit noch eine Privat=
omnibusverbindung nach Stuttgart über Sindelfingen. Im J.
1862 wurde der Landpostbotendienst eingeführt.

Am 16. Oktober 1857 wurde die Telegraphenstation
Calw eröffnet.

Am 23. Juni 1865 wurde der Bau der Eisenbahn über
Leonberg nach Calw zunächst von der zweiten Kammer genehmigt,
worauf am 6. Juli eine große Festlichkeit stattfand. Am 21. De=
zember erfolgte der erste Spatenstich am Rudelsberg; nachdem
der Bau während des Kriegs von 1866 eingestellt gewesen war,
wurde am 1. Dezember 1869 der Betrieb bis Weilderstadt und, nach=
dem auch der Krieg des Jahrs 1870/71 eine Unterbrechung der
Arbeiten zur Folge gehabt hatte, am 20. Juni 1872 bis Calw,
endlich am 1. Juni 1874 derjenige der Pforzheim=Horber Bahn
eröffnet. Somit erfreut sich denn die Stadt heutzutage genügen=
der Verkehrsgelegenheit.

Zur Geschichte der Sitten und Gebräuche, der sozialen Verhältnisse; Vereine.

Zur Zeit des dreißigjährigen Kriegs wurde Calw nach=
gerühmt, es habe jederzeit treffliche Geistliche und Lehrer gehabt,
besitze viel christlichen und Wohlthätigkeitssinn, Kirche und Rat
leisten sich stets wohlgeneigte und hilfreiche Hand, die Bürger und
Einwohner kleiden sich nach der alten Tracht und lassen sich „von
keinem neuen Weltaffen verführen.“ Auch noch gegen das Ende
des vorigen Jahrhunderts wird die große Einfachheit selbst der
reichen Calwer Handelsherren gerühmt, übrigens nicht verkannt,
daß die jüngere Generation zum Teil anderen Grundsätzen hul=
bige und das von ihren Eltern und Ahnherren zusammengesparte
Vermögen in geldverzehrende Artikel umsetze, wobei das weibliche
Geschlecht den Ton angebe, so daß die Korruption des Luxus nicht
unbedeutende Fortschritte gemacht habe. So zeugt es denn auch
von keiner besonderen Einfachheit, jedenfalls von keiner besonderen
bürgerlichen Einfachheit mehr, wenn bei der Taufe einer Tochter
des Hofrats und Compagnieverwandten Joh. Jak. Gfrörer und
seiner zweiten Gemahlin, einer geb. Hiller von Gärtringen, im
J. 1794 53 Taufzeugen, darunter die verwittete Herzogin Fran=
ziska von Württemberg, ein russischer und ein preußischer General,
der größere Teil Adelige und 17 Personen ausdrücklich als Ver=
wandte der Frau bezeichnet, als Taufzeugen aufgeführt werden,
auch in den J. 1792 und 1797 in derselben Familie 37 und 36
Taufzeugen vorkommen; sowie ferner, insbesondere bei Berücksich=
tigung des Geldwerts in früherer Zeit, wenn der sonst übrigens
einfache Hofkammerrat Notter im J. 1801 für seinen Enkel, den
späteren Dichter Friedrich Notter († 1884) eine Wiege im Werte
von 400 fl. fertigen ließ und wenn bei der Vermählung der
Tochter des Compagnieverwandten Gg. Chr. Mose Dörtenbach
mit Eberhard Heinrich Georgii, dem späteren Teilhaber des

Bankgeschäfts Dörtenbach und Comp., im J. 1810 der Aufwand
für die Hochzeit 700 fl. betrug.

Eine Schar von Geißlern, jenen Schwärmern, welche um
die Mitte des 14. Jahrhunderts in einer furchtbar düsteren Weise
durch Geißelungen und Geißelfahrten den Zorn Gottes versöhnen
wollten, kam bei ihrem Zuge von Würzburg ins Elsaß im Mai
und Juni 1349 auch durch Calw.

Um den Wendepunkt des 15. und 16. Jahrhunderts waren
hier geistliche Schauspiele beliebt. So wurden im J. 1498 auf
dem Markt verschiedene biblische Geschichten, von Adam und Eva,
den Patriarchen, den Königen und Propheten, der Jungfrau
Maria und ihren Eltern, gottseligen Frauen, den Weisen aus dem
Morgenland, der Flucht Jesu nach Egypten, der Leidensgeschichte,
den Aposteln, Evangelisten, Märtyrern und Lehrern der Kirche,
der h. Helena, Katharina, Barbara und anderen h. Jungfrauen
dargestellt, wozu ein deutscher gereimter Text, welcher sich noch
längere Zeit erhielt, gefertigt wurde. Am 29. Mai 1502 führte
der Stadtschreiber Oßwald Kürsemann ein Trauerspiel oder ein
Osterschauspiel von der Leidensgeschichte in Gegenwart einer auf
10,000 Menschen geschätzten Volksmenge auf; unter ihr waren
z. B. der Kardinallegat Raimund von Gurk, die Herzogin Elisabeth, Gemahlin Eberhards II. von Württemberg, zwei Mark-
gräfinnen von Brandenburg, deren Verwandte, der Abt Blasius
von Hirsau; nach dem Feste wurden die Herzogin und der Abt
auf dem Rathaus mit einer reichen Mahlzeit, welche (18 oder) 20 fl.
kostete, bewirtet, der Kardinal aber, welcher dem Essen wegen
Unwohlseins nicht anwohnen konnte, spendete den Besuchern der
Marienkapelle, sowie denjenigen, welche mit Andacht diesem Spiel
beiwohnten und zusahen, reichlichen Ablaß. Am 13. Juni 1507
wurde das Spiel wiederholt, wobei wiederum die „Fürstin von
Brandenburg" zusah und viele kostbare Kleider zur Aufführung
herlieh. — Weltliche Schauspiele fanden in neueren Zeiten wiederholt statt und insbesondere die Winter'sche Gesellschaft ist noch
heutzutage in gutem Andenken.

Am 13. August 1629 gab der Administrator Herzog Ludwig
Friedrich von Württemberg Stadt und Amt einen Bezirk des Wild-

baber Forſtes gegen die jährliche Summe von 250 fl. zum Zweck der Jagd auf Haſen, Füchſe, Rehe, Rot- und Schwarzwild, jedoch unter Ausſchluß des Federwilds, auf 6 Jahre in Beſtand.

In der zweiten Hälfte, insbeſondere in den 80er Jahren, des 17. Jahrhunderts gab es hier einige Hexenprozeſſe. So kam eine Witwe Anna Hafnerin, die Mulflerin genannt, mit drei Stieftöchtern und einem unehelichen Enkel Bartholomäus Sib, ſowie noch etwa 60 anderen Perſonen, dabei ſelbſt einigen Männern, wegen Hexerei, namentlich Verführung zu Hexentänzen, zur Ver-ſchreibung gegenüber dem Teufel, zur Gottesläſterung, ſowie wegen Blutnehmens und Taufens in Bezug auf mehr als 60 Kinder im Alter von 6—13, ſelbſt 17 Jahren in Unterſuchung oder doch wenigſtens in Verdacht. Die Hafnerin wurde 80 jährig lebendig verbrannt, ihr Enkel, welcher ſchon im J. 1677 als elfjähriger Knabe wegen Vergiftung eines anderen Knaben peinlich beklagt, allein wegen ſeiner Jugend und ungenügenden Beweiſes halber wieder freigelaſſen und nur mit Ruthen gezüchtigt und ausge-wieſen worden war, enthauptet und verbrannt (1683), zwei ihrer Töchter wurden aus Stadt und Amt verwieſen, in Weilberſtadt und Umgegend durch Schläge und Steinwürfe ſo mißhandelt, daß eine von ihnen ſtarb, einige andere Weiber teils gleichfalls aus-gewieſen, teils ſonſt beſtraft. Allein es hatte eine ſolche Aufreg-ung geherrſcht, daß nicht nur Deputierte vom Oberrat und vom Konſiſtorium, von der juriſtiſchen und theologiſchen Fakultät zu Tübingen, ſondern auch Militär hieher abgeſandt werden mußten. Auch wurden eigene Bußtage abgehalten und beſondere für dieſen Zweck verfaßte Gebete und Predigten angeordnet.

Die Angehörigen der früher (S. 46 ff) erwähnten ſepa-ratiſtiſchen Richtung ſollten herzoglicher Verordnung gemäß bei Nacht in der Stille beerdigt werden, allein als Dorothea, die Ehefrau des Moſe Dörtenbach, welche ſich 4 Jahre von der kirch-lichen Gemeinſchaft ferne gehalten hatte, im Dezember 1708 verſtarb, „wartete der Witwer contra monita superiorum mit der Begräbniß nicht, ſondern eilte mit dem Leichnam bei ſchon dunklem Abend nach 3 Uhr zu Grabe" und im J. 1713 wurde nach dem Tode der Witwe des Compagnieverwandten Chr. Mayer

d. J., welche mindestens ins 9. Jahr dieser Richtung angehört
hatte, „keinem andern zur Consequenz, sondern vielmehr übrige
Separatisten durch diese extraordinäre Gnade zur Korrektion zu
locken", die Beerdigung „bei Tag, unter dem ordinari Geläute
zur Kinderlehre in processione familiae, aber ohne Gesang"
gestattet.

Um einiger älterer Gebräuche zu gedenken, patrouillierten
früher (so im J. 1700) an den Jahrmärkten 8 Bürger unter
Trommelschlag, wofür sie miteinander 3 fl., 2 andere hielten vor
dem Amtshaus Wache, wofür sie zusammen 12 kr. bekamen. — Die
Tuchmachergesellen trugen am Jahrestage ihrer Zunft, welcher
alle drei Jahre nach der Bestimmung des Obermeisters, nicht an
einem ein für alle Mal festgesetzten Tage gefeiert wurde, unter
Vorantritt von Musik, in Hemdärmeln, mit dem blauen Arbeits=
schurz umgürtet, die Zunftfahne, sowie das Zunftgeräte durch
die Hauptstraßen der Stadt, bis dieser Umzug nach Auflösung
der Zünfte im J. 1861 aufhörte. — Der Bäckerzunft wurde der
Überlieferung zufolge von Kaiser Leopold I. an ihrem Jahres=
tage ein Ehrengeläute verliehen, weil bei der Belagerung Wiens
durch die Türken im J. 1683 ein Bäckergeselle von Calw wäh=
rend seinem nächtlichen Geschäft die unterirdischen Arbeiten der
türkischen Minierer belauschte und rechtzeitig so genaue Anzeige er=
stattete, daß schnell Gegenarbeiten gemacht werden konnten, welche
Wien retteten; das früher von 12—1 Uhr übliche Geläute ist
neuerdings auf eine Viertelstunde beschränkt worden. — Ein an=
derer alter Brauch, das Fackeln der Schuljugend vom „hohen
Felsen" im Herbst, welches früher 2—3 Wochen gedauert hatte,
ist jetzt nur noch während einer Woche gestattet.

Im J. 1704 wurde auf dem Brühl eine Allee von 64 Linden=
bäumen gepflanzt. — Im J. 1846 wurden die Dungstätten aus
den Hauptstraßen der Stadt entfernt.

Im J. 1826 wurden zur Stadtbeleuchtung 8 Laternen
an den Brücken und auf den Plätzen des lebhaftesten Verkehrs
aufgestellt, und von 1835 an jedes Jahr einige weitere bis auf
40 angeschafft; allein noch in den 20er Jahren war diese Be=
leuchtung auf die Jahrmarktsnächte und besondere Vorfälle be=

schränkt, im folgenden Jahrzehnt wurden auch, solange das Wein=
fuhrwesen am strengsten ging, die Laternen angezündet. Im
J. 1846 wurde eine regelmäßige Straßenbeleuchtung, zunächst
noch versuchsweise, eingeführt. Seit 1871 versieht das von Heinr.
Hirzel in Leipzig mit einem Kostenaufwand von 104,000 Mark
erbaute städtische Gaswerk die Stadt mit Oelgas.

Im J. 1878 wurde durch Bauinspektor Ehmann unter
Benützung der alten Quellen eine neue Wasserversorgung mit
einem Kostenaufwand von 127,000 Mark eingerichtet; dieselbe
versieht von 3 Hochreservoirs aus mittelst eines eisernen Röhren=
netzes die Stadt mit Trinkwasser und speist 29 öffentliche Brunnen
und 289 Hausleitungen.

Als hiesige Gasthäuser werden z. B. im J. 1608 dasjenige
zum weißen Schwanen, 1633 das zum Ochsen genannt, im J. 1781
das „Waldhorn" sehr gerühmt; ein Gesuch des Schneiders Krumm=
bein, ein Kaffeehaus dahier zu errichten, wurde von der Regierung
im J. 1787 abgeschlagen.

Am 5. April 1826 wurde von A. Fr. Rivinius eine Zeitung
hier gegründet: Wochentliche Nachrichten für die Oberamtsbezirke
Calw und Neuenbürg, welche seit 1. Juni 1850 unter dem Namen
Calwer Wochenblatt sich bis heutzutage erhalten hat; nur gingen
Druckerei und Verlag wie Redaktion des Blattes im J. 1857 an
A. Oelschläger, im J. 1881 unter Beibehaltung der Firma: A.
Oelschläger sche Buch= und Steindruckerei an P. Adolff über. Eine
zweite hiesige Zeitung, die Calwer Wochenzeitung, gegründet im
J. 1852 von dem damaligen Buchdrucker Hammer, ging nach
kurzem Bestehen wieder ein. Endlich gab vom Oktober 1880 bis
März 1884 C. Heiler hier den Calwer Anzeiger heraus, dessen
Namen der Käufer des Blattes, der Buchdrucker Eginhard Carl,
im April 1884 in den noch bestehenden „Hausfreund" umwandelte.
— Den litterarischen Bedürfnissen kommt seit 1859 die Buch=
handlung von Emil Georgii entgegen.

Mindestens seit 1730 befindet sich hier eine wohlorganisierte
Schützengesellschaft und im J. 1798 wurde unter dem Namen
„Gesellschaftliches Institut" ein Verein für gesellige und litte=
rarische Zwecke gegründet, welcher später den Namen „geschlossene

Abendgesellschaft" annahm und heute noch unter dem Namen
Calwer Abendgesellschaft (Museum) besteht. — Namentlich im
laufenden Jahrhundert aber fanden die so zahlreich emporblühen=
den Vereine auch hier günstigen Boden. Es bildeten sich ins=
besondere folgende Vereine: im J. 1825 durch den damals noch
im benachbarten Möttlingen wohnenden Dr. Barth in Verbin=
dung mit Dekan Fischer dahier der Missionsverein und im Anschluß
an ihn 1833 der Calwer Verlagsverein (s. u.); im J. 1837 der
Liederkranz, welchem später die Gesellschaften Frohsinn und Con=
cordia nachfolgten; am 15. November 1839 auf Anregung des
damaligen Oberamtmanns Reg.=Rats Gmelin ein landwirtschaft=
licher Bezirksverein; im J. 1840 der Musikverein und der Anti=
branntweinverein, welch' letzterer dem Genuß und Verkauf des
Branntweins auf jede gesetzlich mögliche Weise entgegenzuwirken
bezweckte; im J. 1844 ein Altertumsverein; im September 1846
der Turnverein, welcher zu der im J. 1869 auf sein Betreiben
von der Stadt erbauten Turnhalle einen Beitrag von 2800 fl.
gab und deshalb ein Mitbenützungsrecht vertragsmäßig zugestanden
erhielt; aus dem schon früher entstandenen Handwerkerverein her=
vorgehend im J. 1848 ein Gewerbeverein, welcher sich 1875 mit
dem im J. 1867 gegründeten Handelsverein zu dem heute noch be=
stehenden Handels= und Gewerbeverein zusammenschloß; im Oktober
1850 die Feuerwehr mit freiwilliger Steigerabteilung, welche im
September 1862 reorganisiert und in ein durchaus freiwilliges
Corps umgewandelt wurde; im Oktober 1855 die hauptsächlich
aus dem mittleren Bürgerstand hervorgehende „Bürgergesellschaft"
zu gegenseitiger Belehrung und Unterhaltung; 1861 der Verein
zur Herstellung der Brückenkapelle; 1862 die Handwerkerbank,
welche seit 1871 die Firma Spar= und Vorschußbank führt; 1866
der Kirchengesangverein und der Arbeiterbildungsverein; 1868
die Kreditbank für Landwirtschaft, welche seit 1871 die Firma
Kreditbank für Landwirtschaft und Gewerbe führt; 1869 der
Krankenpflegeverein; 1870 ein Zweigverein der „deutschen Partei"
und ein Verschönerungsverein, welcher unter Leitung des Ökono=
men E. Horlacher sich um die Verschönerung der Umgegend der
Stadt bedeutende Verdienste erwarb; 1874 ein ärztlicher Gau=

verein mit dem Sitz zu Calw; 1877 eine öffentliche Flußbade-
anstalt auf Aktien; in demselben Jahr auf Anregung des Dekans
Mezger der „Evangelische Verein", welcher das früher der Calwer
Compagnie, zuletzt dem Fabrikanten Georg Schauber gehörige sog.
Kaufhaus erwarb und im J. 1879 zum Vereinshaus umbaute.

— Von diesen Vereinen sind nach längerer oder kürzerer Dauer
wieder eingegangen: der Musikverein, der Antibranntweinverein,
der Altertumsverein, der Verein zur Herstellung der Brückenkapelle, der Arbeiterbildungsverein.

Von größeren Versammlungen oder Festlichkeiten dahier
dürften folgende genannt werden: das Dankfest nach der großen
Teuerung des J. 1817: am 14. August wurden 3 Fruchtwagen
durch die gesamte Schuljugend festlich eingeholt, fand eine kirchliche Feier u. s. w. statt; am 7. September 1835 die Versammlung des württembergischen ärztlichen Vereins, am 25. Juli
1837 ein großes Liederfest; am 7. Mai 1838 die Wanderversammlung der Gesellschaft für Beförderung der Gewerbe; am
19. Mai 1861 ein großes Turnfest; am 21. September 1863
das landwirtschaftliche Bezirksfest; am 13. Juni 1869 die Ein-
weihung des Schützenhauses im Wurstbrunnenthälchen an Stelle
des früheren, durch den Eisenbahnbau eingegangenen, im Beutter'-
schen Garten; am 6. Oktober 1873 die Generalversammlung
des württembergischen Handelsvereins; am 24. Juni 1874 die
Generalversammlung des Vereins für vaterländische Naturkunde
in Württemberg (70 Teilnehmer); am 4. August 1874 die Jahres-
versammlung der evangelischen Volksschullehrer des Landes; am
7. Juli 1875 desgl. des württembergischen Gustav-Adolf-Vereins;
am 6./7. Juni 1876 die Wanderversammlung der württembergischen Landwirte. (Vergl. S. 14.)

Namentlich aber fand hier in den Tagen vom 29. Juni
bis 15. September 1872, zugleich im Anschluß an die Eröffnung
der Eisenbahn hierher, auf Anregung des Calwer Gewerbevereins
eine Gewerbeausstellung der Bezirke Calw, Leonberg, Nagold
statt. Die Zahl der Aussteller betrug aus der Stadt Calw 146,
aus dem Bezirk 40, aller zusammen 462. Ausgestellte Gegen-
stände waren besonders Gewebe, wollene, dann auch baumwollene

und leinene, Wollwaren, Leder, gestrickte Waren, Möbel, Schrei=
ner=, Schuhmacher=, Strumpf=, Seilerwaren, Buchbinderarbeiten.
Besucht wurde die Ausstellung von 16,201 einzelnen Personen
mit Eintrittsgeld von 6—24 kr.; durch Abonnementsbillets zu 2 fl.
für Familien wurden 164 fl., durch solche Billets zu 1 fl. für Ein=
zelne 74 fl. gelöst; im ganzen wurden 20—21,000 Besucher ge=
schätzt, darunter 14 Gewerbevereine, 9 andere Korporationen und
Vereine, 42 Schulen. Das Defizit wurde durch den Fabrikanten
Georg Schauber mit einem Geschenk von 1000 fl. gedeckt.

Hervorragende Calwer.

In Calw haben, um nur bereits Verstorbener zu gedenken, folgende Männer das Licht der Welt erblickt, welche durch ihre Leistungen in weiteren Kreisen als in der eigenen Vaterstadt einen geehrten, auch von der Nachwelt dankbar gerühmten Namen erworben, hervorragende Stellungen im Leben eingenommen oder sonst in dieser oder jener Weise sich ausgezeichnet haben.

Jodokus Eichmann, † 1489. Ein seiner Zeit ange= sehener Professor der Theologie und beliebter Prediger an der Heiliggeistkirche zu Heidelberg wurde er insbesondere als einer der Untersuchungsrichter bei dem Ketzerprozeß gegen Johann von Wesel bekannt. Im J. 1459 erscheint er, Licentiat der Theo= logie, als Rektor der Universität. In letzterem Amte hatte er einige Zeit nachher zwei weitere Calwer, gleichfalls Licentiaten der Theologie, zu Nachfolgern: Bartholomäus Egan, im J. 1474/75 (1486 als tot erwähnt) und Johannes Sall im J. 1499 († 18. Juli 1507). Das Armenhaus seiner Vaterstadt beschenkte er im J. 1487 mit seinen Erbgütern zu Kentheim.

Konrad Widmann, bekannt durch seine im J. 1488 für das Kloster Alpirsbach geschnittenen Chorstühle, welche jetzt die Kirche von Freudenstadt zieren.

Alexander Hug, vielleicht der Sohn des im J. 1460 ge= nannten Calwer Stadtschreibers Heinrich Hug, Stadtschreiber zu Kleinbasel, Calw (1482), Pforzheim (1487—1529), auch kaiser= licher Notar, Verfasser eines der verbreitetsten deutschen Formel= bücher zur Anleitung bei Abfassung von Urkunden und Briefen für Schreiber und Notare.

Konrad Summenhard, aus einer in Calw angesehenen, nach dem benachbarten Orte Summenhard genannten Familie, von welcher Hans in den J. 1476—1487 als Richter dahier vorkommt, von seinen Zeitgenossen ein „Monarch unter den Theologen", ein „Phönix unter den Doktoren" genannt. Im

J. 1476 Baccalaurius der Pariser Universität geworden erhielt er im J. 1478 eine Professur an der Artistenfakultät zu Tübingen und widmete sich nunmehr den naturphilosophischen Studien, welche im Kommentar zu der Physik Alberts des Großen ihren Abschluß fanden. In der Folge trat er vorzugsweise in die theologische Fakultät über und drang mit reinem warmem Eifer und vielseitiger, besonders auch litterarisch fruchtbarer Thätigkeit auf gründliches Studium der h. Schrift und Verbesserung der wissenschaftlichen und kirchlichen Zustände seiner Zeit, deren scholastisches Gezänke ihm den Ruf auspreßte: wer wird mich Unglücklichen einmal erlösen von dieser streitvollen Theologie. Durch seine Werke über die Verträge und über die Zehnten war er auch in Fragen des volkswirtschaftlichen Lebens thätig. Er verstarb im J. 1501 oder 1502 im Kloster Schuttern bei Offenburg.

Johann Jakob Heinlin, geb. den 21. Dezember 1588 als Sohn des hiesigen Diakonus Heinlin, gestorben den 4. September 1660. Nachdem er verschiedene anderweitige geistliche Stellen im Lande bekleidet, sowie einige Zeit, dereinst von Joh. Keppler tiefer in die Mathematik eingeführt, mathematische Vorlesungen in Tübingen gehalten hatte, wurde er 1650 von Herzog Eberhard III. zum Abt von Adelberg und Informator des Prinzen Johann Friedrich, 1654 als Nachfolger des mit ihm sehr befreundeten Joh. Val. Andreä zum Abt von Bebenhausen und Generalsuperintendenten ernannt. Er machte sich um die Wiederaufrichtung des württembergischen Kirchenwesens nach den Stürmen des 30 jährigen Kriegs verdient, beschäftigte sich außer mit polemischen Schriften gegen die katholische Kirche besonders mit biblischer Zeitrechnung und war Mitarbeiter an den sogenannten württembergischen Summarien, einer auf Herzog Eberhards Befehl verfaßten Erklärung sämtlicher Bücher der h. Schrift zum Zweck des Vorlesens in den sonntäglichen Vesperlektionen.

Andreas David Carolus, geb. den 29. Juni 1658 als Sohn des hiesigen Diakonus Carolus, gestorben zu Kirchheim den 8. September 1707. Er bekleidete eine Reihe kirchlicher Ämter im Lande, so insbesondere die Dekanatsstellen zu Freudenstadt und

Kirchheim, erhielt aber auch für spätere Zeiten als württembergischer Kirchenhistoriker Bedeutung, indem er in seiner Schrift:
Wirtenbergische Unschuld u. s. w. die württembergische Kirche
gegen die von pietistisch-separatistischen Anschauungen geleiteten
Angriffe in Gottfr. Arnolds Kirchen- und Ketzerhistorie verteidigte.

Johann Martin Schill, geb. den 16. Juli 1675 als Sohn
des Bürgermeisters und Compagnieverwandten Joh. Jak. Schill,
gestorben den 7. September 1751. Auf der Universität der
Theologie beflissen, jedoch durch eine sich regelmäßig wiederholende
Krankheit in seinen sonst erfolgreichen Studien öfters unterbrochen, wurde er im J. 1700 zum Feldprediger ernannt, aber
schon 1701 Präzeptor in Calw. Von eigenartiger Bedeutung
ist der fromme eifrige Mann durch seinen Verkehr mit der un-
sichtbaren Geisterwelt, indem er mit völlig klarem Bewußtsein
die Nähe der Geister gefühlt, sie reden gehört und, ohne sie zu
sehen, Gedanken mit ihnen ausgetauscht haben soll. Er war der
liebste Nachbar des berühmten Friedr. Christ. Detinger, des
größten schwäbischen Theosophen des 18. Jahrhunderts, während
derselbe in den J. 1738—1743 die Pfarrei Hirsau inne hatte, und
auch mit anderen angesehenen Theologen des Landes befreundet.*)

Christoph David Gerlach, geb. den 5. November 1701,
Sohn des Dr. med. und Stadtphysikus Christoph Gerlach, † im
J. 1742, Professor der Rechte zu Tübingen.

Joseph Gärtner, geb. den 21. März 1732, gest. zu Calw
14. Juni 1791. Ein Sohn des praktischen Arztes und Hofmedicus
Joseph Gärtner widmete er sich eifrigst dem Studium der Anatomie, Physiologie und Botanik, in der Folge auch der Optik
und Mechanik, und machte längere ausgedehnte Reisen durch
Deutschland, Frankreich, England und Holland, welche eine kurze

*) Als Calwer wird genannt Johann Friedrich Weisse oder Weiß,
verdienter Leibchirurg des Kurfürsten von Sachsen, Königs von Polen,
Friedrich Augusts I., welchem er im J. 1727 zu Bialystock durch eine
entschlossen vorgenommene Operation (Ablösung der großen Zehe) das
Leben rettete; die Persönlichkeit ließ sich zwar nicht ganz sicher feststellen,
allein es kommen in der fraglichen Zeit 1695 ein Barbier Johann Friedrich Weiß, 1700 ein Schwanenwirt Friedrich Weiß und 1714 ein Bürgermeister, Barbier und Schwanenwirt Friedr. Weiß in den hiesigen Kirchen-
büchern vor, von welchem derselbe ein Sohn gewesen sein könnte.

ärztliche Thätigkeit in Calw unterbrach. Im J. 1761 in die
Heimat zurückgekehrt wurde er Professor der Anatomie in
Tübingen, 1768 Akademiker und Professor der Naturgeschichte
in Petersburg, woselbst er auch die Direktion des botanischen
Gartens und des Naturalienkabinets übertragen erhielt und von
wo aus er die Ukraine besuchte. Allein schon 1770 kehrte er,
da ihm die ausgedehnten Amtsgeschäfte seiner glänzenden Stellung für wissenschaftliche Arbeiten wenig Zeit übrig ließen und
das geräuschvolle Treiben der nordischen Kaiserstadt seinem Sinn
nicht zusagte, in seine Vaterstadt zurück und widmete den Rest
seines Lebens einem bis dahin fast ganz vernachlässigten Gebiet
der botanischen Wissenschaft: der Lehre von Frucht und Samen
der Pflanzen. Als Ergebnis dieses Studiums und als sein
Hauptwerk erschien 1788 ff. seine „Karpologie", welche eine
Fülle neuer Gesichtspunkte und neuer Thatsachen mit mathe-
matischer Präzision darstellt und durch ebenso getreue als ele-
gante, noch heutzutage für den praktischen Gebrauch sehr nützliche
Abbildungen veranschaulicht. Das Werk wurde von der französischen Akademie als eine derjenigen Arbeiten erklärt, welche
die Wissenschaft am meisten gefördert hätten. Gärtner erlebte
übrigens das Erscheinen des 2. Bandes nicht mehr und den 3.
und Supplementband gab erst sein Sohn (s. u.) heraus.

Christoph Friedrich **Hellwag**, geb. den 6. März 1754 als
Sohn des Diakonus Eberh. Friedr. Hellwag, gestorben den
16. Oktober 1835. Nach theologischen, philosophischen und zuletzt medizinischen Studien wurde er kurze Zeit Arzt in Gail-
dorf, 1782 Leibarzt des damaligen Prinzen Peter Friedrich
Ludwig von Holstein-Gottorp, nachmaligen Herzogs von Olden-
burg, 1788 Hofrat in Eutin, 1800 Stadtphysikus daselbst und
Landphysikus des Fürstentums Lübeck, zuletzt Geheimer Hofrat.
Er war ein vielseitig gebildeter Gelehrter und thätiger Mitarbeiter an zahlreichen medizinischen und anderen Zeitschriften,
auch als Verfasser mancher selbständiger Schriften hochgeschätzt.

David Friedrich (v.)*) **Cleß**, geb. den 13. Februar 1768

---

*) Die Beisetzung eines (v.) bedeutet den durch Verleihung des
württ. Zivilverdienst- bezw. Kronordens begründeten persönlichen Adel.

als Sohn des hiesigen Diakonus Dav. Jonathan Cleß, gestorben
den 10. August 1810. Nach Bekleidung verschiedener anderer
geistlicher Ämter wurde er im März 1810 Dekan in Reutlingen,
starb aber, erst 42½ Jahre alt, noch im genannten Jahre am
Nervenfieber. Er ist der Verfasser des auch jetzt noch geschätzten trefflichen Werkes: Versuch einer kirchlich-politischen Landes- und Kultur-
geschichte von Württemberg bis zur Reformation (3 Abt. 1806/8).

Karl Friedrich (v.) Gärtner, geb. den 1. Mai 1772 als
Sohn des bereits genannten Joseph Gärtner, gestorben zu Calw
den 1. September 1850. Zunächst und für einige Jahrzehnte
Arzt in seiner Vaterstadt betrieb er neben dieser Berufsthätig-
keit physiologisch-chemische Studien, über welche er jedoch nur
kleinere Abhandlungen im Druck erscheinen ließ. In der Folge
wandte er sich der Botanik zu. Nach einem längeren wissenschaftlichen, für ihn sehr wertvollen Aufenthalt in Frankreich,
England und Holland gab er den Supplementband von seines
Vaters Karpologie mit eigenen Untersuchungen bereichert (1805)
heraus, widmete dann aber den Rest seines Lebens Untersuchungen
über die Pflanzen-Physiologie, allmälig in der Beschränkung auf
die Lehre von der Sexualität und der Bastardbefruchtung im
Pflanzenreiche, welche er namentlich in einer von der k. nieder-
ländischen Maatschappy voor Wetenschappen zu Haarlem gekrönten Preisschrift (1838) und in einem zweibändigen größeren
Werke (1844—1849) veröffentlichte. Diese Werke sichern seinem
Namen einen unvergänglichen Platz in der Geschichte der Wissen-
schaften. — Die von Vater und Sohn angelegten reichen Sammlungen wurden im J. 1860 von der Familie der Universität
Tübingen zugewandt.

Christoph Friedrich (v.) Pommer, geb. den 22. Oktober
1787 als Sohn des Wundarztes Joh. Ludwig Pommer. Nach
Vollendung chirurgischer Studien diente er 1809 im Feldzug
gegen Österreich als württembergischer Ober- und dann als
Regimentsarzt, geriet 1812 zu Wilna beim Spitaldienst für die
württembergischen Truppen in russische Gefangenschaft, wirkte,
1814 freigelassen, in den Spitälern zu Mühlhausen und Tett-
nang, seit 1815 als Regimentsarzt in Frankreich, darauf 3 Jahre

als Stabsarzt und oberster ärztlicher Leiter der württembergischen Occupationstruppen in den Spitälern von Hagenau und Weissenburg im Elsaß, seit 1818 als Oberarzt in Heilbronn. Im J. 1833 wurde er Professor der Physiologie, allgemeinen Pathologie und Therapie, sowie der Staatsarzneikunde in Zürich, ferner 1835 Mitglied des dortigen Gesundheitsrats und der Vaccinationskommission, starb jedoch bereits am 11. Februar 1841. Er war Verfasser einiger selbständiger naturwissenschaftlicher und medizinischer Werke, sowie zahlreicher Aufsätze in verschiedenen medizinischen Zeitschriften, in Verbindung mit anderen Gelehrten Herausgeber der schweizerischen Zeitschrift für Natur- und Heilkunde (1834—1841).

Gustav Leonhard v. Bischer, geb. den 2. Februar 1793 als Sohn des Chefs der Floßhandels-Compagnie Johann Martin Bischer, gestorben den 20. April 1837. Ursprünglich zur Kaufmannschaft bestimmt wurde er durch besonderen königlichen Befehl im J. 1812 zum Militär, zunächst als Gemeiner bei der Garde zu Pferd ausgehoben und machte als Unterlieutenant im Regiment Kronprinz Dragoner Nro. 5 den ersten französischen Feldzug des J. 1813/14 und im Kavallerieregiment Prinz Adam Nro. 4 den zweiten des J. 1815 mit. Zu der Belohnung mit dem Militärverdienstorden und den goldenen Ehrenmedaillen für die Schlachten von Brienne und la Fère Champenoise hin wurde er am 12. Juni 1814 „von wegen seines bei verschiedenen Affairen, namentlich im Feldzug des J. 1814 bewiesenen tapferen und mannhaften Benehmens" für sich und seine Nachkommen in den Adelstand des Königreichs erhoben. Doch nahm er, vom militärischen Friedensdienste nicht befriedigt im J. 1816 den Abschied mit dem Charakter eines Oberlieutenants, worauf er im J. 1829 denjenigen eines Rittmeisters erhielt. Den Rest seines Lebens widmete er der Bewirtschaftung des schon von seiner Vormundschaft (1809) für ihn gekauften Rittergutes Ihingen (OA. Leonberg) und des von ihm selbst (1829) erworbenen Gutes Aglishardt (OA. Urach). — Seine Schwester Emilie war die geistig ebenbürtige Gattin Ludwig Uhlands, welche das Leben ihres Gemahls in trefflicher Weise beschrieben hat, gest. den 5. Juni 1881.

Johann Georg Dörtenbach, geb. den 8. Juni 1795 als Sohn des Compagnieverwandten Christoph Martin Dörtenbach, gestorben zu Calw den 8. September 1870, Kommerzienrat. Ein hervorragender Industrieller, zugleich ein klassisch gebildeter Mann war er zunächst im väterlichen Geschäft: Wagner, Schill und Comp. (später Dörtenbach und Schauber) thätig, welches besonders durch seine Vermittelung im J. 1817 die zweiten Cocerill'schen Wollspinnmaschinen in Württemberg einführte, schließlich aber mit der Firma Schill und Wagner vereinigt wurde (S. 91). Auch seine Beteiligung an der Holzhandelsgesellschaft Stälin und Comp. (beziehungsweise später Mohr und Comp.) war noch eine ererbte. Dagegen machte er selbständiger vorgehend in Verbindung mit Anderen im J. 1825 einen Versuch in der Kammgarnspinnerei, war im J. 1832 einer der Gründer der bereits genannten Maschinenpapierfabrik in Wildbad und errichtete im J. 1837 unter der Firma Dörtenbach und Schauber die erste Baumwoll- und Wollkratzenfabrik im Lande, im J. 1845 mit Bergrat E. H. Georgii und den beiderseitigen Söhnen das Bankgeschäft Dörtenbach und Comp. in Stuttgart. Auch war er im J. 1846 einer der Hauptbegründer der Maschinenfabrik in Eßlingen, bei welcher er bis zu seinem Tode Vorstand des Verwaltungsrats blieb. Wie er längere Zeit als Mitglied des Stadtrats (1833—1848) und Obmann des Bürgerausschusses die Industrie seiner Vaterstadt zu heben und zu beleben, überhaupt aber das Gemeindewohl zu fördern bestrebt war, so wirkte er in größerem Kreise als Mitglied des Ausschusses der, hauptsächlich durch seine Bemühung gegründeten Gesellschaft für Beförderung der Gewerbe Württembergs (1830—1848), als Mitglied der Centralstelle für Gewerbe und Handel (seit 1856) und als Vorstand der Calwer Handelskammer (seit 1867), insbesondere aber als Nachfolger seines Schwiegervaters Zahn während 25 Jahren als eine der ersten wirtschaftlichen und industriellen Autoritäten der Kammer der Abgeordneten (1830—1855). Er war Berichterstatter in einer Reihe wichtiger, diesen Gebieten angehöriger Fragen, zeitweise Mitglied des größeren und engeren Ausschusses, stellvertretendes ständisches Mitglied des Staatsgerichtshofes. Dagegen hatte er die von seinem politischen Freunde Römer ihm im J. 1848 angetragene Stellung eines Chefs des Finanzministeriums abgelehnt.

Friedrich Ludwig (v.) Gaupp, geb. den 19. Mai 1796 als Sohn des Stadtschreibers, Hofgerichtsadvokaten Gaupp, gestorben zu Eßlingen am 21. Januar 1873, verdienter württembergischer Justizbeamter, zuletzt Direktor des Gerichtshofes in Ellwangen, vom König ernanntes Mitglied des Staatsgerichtshofes.

August Friedrich Gfrörer, geb. den 5. März 1803, gestorben zu Karlsbad am 6. Juli 1861. Dem Wunsche seiner streng kirchlichen protestantischen Eltern folgend, aber ohne innere Neigung widmete er sich gemäß dem in Württemberg für dieses Studium üblichen Bildungsgange der Theologie, entsagte aber, da er mit dem Offenbarungsglauben völlig gebrochen hatte, sehr frühe der theologischen Praxis und erhielt im J. 1830 die Stelle eines Bibliothekars an der öffentlichen Bibliothek zu Stuttgart. Er widmete sich jetzt mit seiner riesigen Arbeitskraft vorzugsweise der Litteratur und Geschichte und wurde im J. 1846, da er inzwischen zu positiveren religiösen Anschauungen gelangt war und die Institutionen der katholischen Kirche bewunderte, als Professor der Geschichte nach Freiburg i. B. berufen. Nachdem seine Frau und Kinder denselben Schritt schon früher gethan, trat er selbst am 27. November 1853 zum Katholizismus über. Mochte er nun auch aus Anlaß des badischen Kirchenstreits mit der Konvertiten eigenen Heftigkeit gegen Andersgläubige auftreten, so hatte er sich doch der neuen Autorität nicht mit allen ihren Ansprüchen und Konsequenzen unterworfen. Im 6. Wahlbezirk des württembergischen Donaukreises ins Frankfurter Parlament gewählt gehörte er der großdeutschen Partei an und stellte hier einen Antrag auf Wiedervereinigung der beiden größeren Konfessionen in Deutschland, dessen einzelne Artikel übrigens nach rein äußerlichen Opportunitätsrücksichten ausgewählt waren. Mit Scharfsinn und ungewöhnlichem Kombinationstalent begabt, aber ohne strenge Methode und nicht ohne Vorurteil entwickelte er eine außerordentlich fruchtbare schriftstellerische Thätigkeit, von deren Erzeugnissen „Geschichte des Urchristentums", „Gustav

Adolf", „Allgemeine Kirchengeschichte", „Geschichte der Karolinger",
„Urgeschichte des menschlichen Geschlechts", „Papst Gregor VII.
und sein Zeitalter", „Geschichte des 18. Jahrhunderts" hervorzuheben sind.

Friedrich Schuldt, geb. den 26. Mai 1804 als Sohn des
hiesigen Schulmeisters Schuldt, gestorben dahier am 19. November 1886. Nach erfolgreichen staatswissenschaftlichen Studien
in Tübingen wurde er am 7. Mai 1835 zum Stadtschultheißen
seiner Geburtsstadt gewählt und versah dieses Amt, zum Teil in
schwieriger Zeit wie während der Jahre 1848 und 1849, mit
voller Hingebung, Thatkraft und Umsicht, selbst persönliche Gefahren nicht achtend, zum Segen der Stadt volle 49 Jahre lang,
bis er, bei Erreichung des 80. Lebensjahres durch Gewährung
eines Ruhegehaltes geehrt, am 26. Mai 1884 von demselben
zurücktrat. Er war auch wiederholt, während der J. 1862 bis
1868 und 1870—1876, Vertreter des Bezirks Calw in der
Kammer der Abgeordneten.

Christoph Friedrich (v.) Stälin, geb. den 4. August 1805
als ältester Sohn des Kaufmanns und Chefs der Holzhandels-
Compagnie Jakob Friedrich Stälin, gestorben zu Stuttgart den
12. August 1873. Auch durch längeren Aufenthalt im Auslande,
in Frankreich, England und Italien, gebildet wirkte er 48 Jahre
lang, bis zu seinem Tode, mit vorzüglicher Befähigung und muster-
hafter Pflichttreue an der k. öffentlichen Bibliothek in Stuttgart,
von 1846 an als Oberbibliothekar, zuletzt mit dem Titel und Rang
eines Direktors, woneben er noch als Inspektor des k. Münz-,
Medaillen- und Kunst-Kabinets, als Wappenzensor und als ordent-
liches Mitglied des statistisch-topographischen Bureaus thätig war.
Ein bleibendes Andenken hat er sich als vaterländischer Historiker
durch seine „Wirtembergische Geschichte" (4 Bde.: 1841—1873)
erworben. Ein unübertroffenes Muster einer deutschen Terri-
torialgeschichte hat dieses von den Uranfängen bis zum J. 1593
herabreichende Werk ihm nicht blos einen Platz unter den ersten
Historikern Deutschlands gesichert, sondern auch eine über dessen
Grenzen hinausgehende geschichtswissenschaftliche Autorität erworben.
Er erhielt von zwei fremden Königen den Auftrag ihre Landes-

geschichte zu schreiben, den er jedoch ablehnte um der Heimat ausschließlich seine Kraft zu widmen, und wurde 1858 von König
Maximilian II. von Bayern in die historische Kommission zu
München berufen, im J. 1864 Mitglied der von dem Freiherrn
von Stein gegründeten Zentraldirektion der Gesellschaft für ältere
deutsche Geschichte. Auch zu einer beträchtlichen Anzahl der
württembergischen Oberamtsbeschreibungen lieferte er den geschicht-
lichen Teil und war weiterhin durch eine Reihe von Arbeiten,
besonders in den württembergischen Jahrbüchern, für die heimische
Geschichtskunde thätig.

Georg Emil Karl Christoph Schüz, geb. den 12. August
1828 als Sohn des Dr. med. Chr. Schüz, gestorben zu Calw
den 6. April 1877. Beliebter Arzt zu Calw war derselbe durch
seine reichhaltigen Sammlungen von Pflanzen und Mineralien,
ethnologischen Seltenheiten und allerlei Kuriositäten, namentlich
aber von Porträts und Autographen von Naturforschern und
Ärzten, eine auch auswärts bekannte und geschätzte Persönlichkeit.
Schriftstellerisch war er durch einige kleinere Arbeiten natur-
wissenschaftlichen und ärztlichen Inhalts, sowie eine anziehende
Beschreibung seiner Reise nach dem Orient im J. 1869 thätig.

Den genannten Männern reihen wir noch einige an, welche
zwar nicht in Calw geboren sind, allein einen bedeutenden Teil
ihres verdienstlichen Lebens daselbst zugebracht haben.

Johann Valentin Andreä, geb. zu Herrenberg am 17. August 1586, gestorben zu Stuttgart am 27. Juni 1654. Einer
der hervorragendsten Theologen Württembergs, welcher im Gegen-
satz zu den unfruchtbaren dogmatischen Grübeleien und Streitigkeiten seiner Zeit eine politische, sittliche und religiöse Weltver-
besserung anstrebte, war er von 1620—1639 Spezialsuperintendent
dahier, bis er von Herzog Eberhard III. als Hofprediger und
Konsistorialrat nach Stuttgart berufen wurde. In Calw wirkte
er, unterstützt von seiner trefflichen Mutter, Maria geb. Moser,
„der Mutter der Stadt", sowie von einem großen Teile der Beamten und der Bürgerschaft, unter letzterer namentlich Christoph
Demmler und Jakob Dörtenbach, aber auch von dem leicht-

fertigen Teile der Bürgerschaft angefeindet, besonders in den ersten ruhigeren Jahren seines dortigen Aufenthalts, durch Beispiel, That und Wort vieles Gute für Kirche und Schule, bessere Zucht, Kirchengesang und engeres Zusammenwirken der kirchlichen Kreise, aber auch durch das von ihm ins Leben gerufene Färberstift in noch heutzutage fortdauernder Weise für allgemeine Humanitäts- und Wohlthätigkeitszwecke. Nach dem schweren Sturme des J. 1634 erwarb er sich, selbst an seinem Vermögen schwer geschädigt, insbesondere auch durch Ausnützung seiner vielen Verbindungen, um die soziale und moralische Wiederaufrichtung der Stadt die größten Verdienste. Als er im J. 1639 nach Stuttgart berufen wurde und diesem Rufe nur ungerne Folge leistete, wurde ihm seine hiesige Stelle zunächst noch offen gehalten und erst im J. 1642 wieder besetzt. Sehr interessant für alle, welche sich mit der Geschichte Calws beschäftigen, ist derjenige Teil seiner Selbstbiographie, welcher dem Calwer Aufenthalt gewidmet ist.

Christian Jakob Zahn, geb. den 12. September 1765 als Sohn des Pfarrers Zahn in dem nahen Althengstett, gestorben zu Calw am 8. Juli 1830, Dr. jur. Nach Vollendung der juristischen Studien unter die Zahl der sogenannten Kanzleiadvokaten aufgenommen widmete er sich in Calw der Rechtspraxis, trat aber schon nach einigen Jahren (1789) als Teilhaber in die J. F. Cotta'sche Buchhandlung in Tübingen ein, welche zum Teil auch durch sein Mitwirken später so berühmt wurde. In Tübingen verfaßte er unter Anderem den 3. Teil von Hofackers principia juris civilis und eröffnete mit der Übersicht des politischen Zustandes sämtlicher Staaten Europas die von dieser Firma und unter seiner Mitwirkung begründete „Allgemeine Zeitung". Durch seine Gesundheit genötigt, die buchhändlerische Wirksamkeit aufzugeben, schied er am Ende des J. 1797 aus dem Geschäfte aus und zog sich wieder nach Calw zurück, wo er von 1817 an bis an seinen Tod dem Stadtrate angehörte. Er wurde jetzt als Mitglied des Wollzeuggeschäfts Schill und Comp., sowie in der Folge der Saffianfabrik J. F. Haßenmajer und Zahn in Hirsau Kaufmann und Fabrikant. Im J. 1815 beinahe einstimmig zum Vertreter des OA. Calw für die Verhandlungen über die

Verfassung gewählt, war er während der Jahre 1815—1819
eines der eifrigsten, für das „alte gute" Recht eintretenden Mitglieder der Ständeversammlung, auch noch in der Folge bis zum
J. 1828 ein vielfach in Kommissionen und als Berichterstatter
thätiger Vertreter des Oberamts, von 1820—1824 Vizepräsident
der Kammer der Abgeordneten. Auch abgesehen von der erwähnten litterarischen Thätigkeit war er ein sehr fleißiger Schriftsteller und Komponist, wie denn insbesondere die Melodien zu
mehreren Schiller'schen Gedichten, vor allem die zum Reiterlied in
Wallensteins Lager, von ihm herrühren; mit Göthe, Fichte,
Körner u. A. war er Ausschußmitglied der von Schiller herausgegebenen Horen.

Johann Georg Zahn, geb. den 27. April 1759 zu Althengstett als Bruder des ebengenannten, gestorben zu Calw den
11. Februar 1831. Vom J. 1781 an thätiger und beliebter
Arzt in Calw erwarb er sich durch Beförderung der Einführung
der Schutzpockenimpfung, des Galvanismus als Heilmittels und
der Blitzableiter in Württemberg bleibende Verdienste.

Christian Gottlob Barth, geb. zu Stuttgart den 31. Juli
1799, gestorben zu Calw den 12. November 1862, Dr. der
Theologie. Nachdem derselbe als Pfarrer im nahen Möttlingen
schon im J. 1825 den hiesigen Missionsverein mit begründet,
sodann seit 1828 das „Calwer Missionsblatt", christliche Traktate,
sowie eine „Biblische Geschichte" herausgegeben hatte, gründete
er im Verein mit Calwer und Stuttgarter Freunden 1833 den
„Calwer Verlagsverein", welcher seit 1836 durch eine eigene
Buchhandlung, die Vereinsbuchhandlung, seine Schriften vertrieb.
Dieser Verein wollte die christliche Volksbildung fördern, der
inneren wie der äußeren Mission dienen und „im Blick auf
Gottes Ehre am Aufbau der Gemeinde nach seinem Maße mit-
arbeiten". Die Preise der durch ihn herausgegebenen Schriften
sollten so gestellt werden, daß die Auslagen für die Herstellung
gerade gedeckt würden und das Geschäft sich selbst tragen könnte.
Reichlich fließende Beiträge gaben ihm die Mittel, auch andere
Vereine oder Missionare bei Herausgabe von Übersetzungen seiner
Schriften zu unterstützen. Denn neben dem Plan, eine Reihe

christlicher Schulbücher herauszugeben, war Barths Thätigkeit
namentlich der Heidenmission gewidmet, für welche er das Interesse in weiten Kreisen zu wecken und zu beleben wußte. Infolge der zunehmenden Arbeit des Vereins sah er sich im J.
1838 veranlaßt, sein Pfarramt niederzulegen und nach Calw
zu ziehen. Eben durch den Verein aber, sowie durch eine über
die ganze Welt ausgebreitete Korrespondenz wurde er einer der
Hauptträger evangelischer Missionsthätigkeit in ganz Deutschland.
Unter seiner Leitung und zum großen Teil aus seiner Feder
ging eine ganze Bibliothek von Missionsblättern, Kinder- und
Schulschriften, populären Geschichtswerken, Büchern zur Förderung des Schriftverständnisses, Erzählungen, Gedichten und Trak-
taten vom Calwer Verlagsverein aus: z. B. die „zweimal zwei-
undfünfzig biblische Geschichten", welche in etwa 80 Sprachen
übersetzt wurden und in der deutschen Urgestalt es im J. 1887
bereits zur 310. Auflage gebracht haben, Schriften zur Bibeler-
klärung, die Kirchengeschichte in 22 Auflagen, das Calwer Missionsblatt, von dessen Reinertrag in 50 Jahren über 70,000 Mark
der Basler Mission, 11,000 Mark anderen Missionsvereinen zugeteilt wurden, Jugendblätter, Geschichte von Württemberg u. s. w.
Barths reiche, dereinst eine besondere Anziehungskraft besitzende
Sammlung von Merkwürdigkeiten, Kunsterzeugnissen, Gerät-
schaften, Waffen und Medaillen der verschiedensten Völker kam
nach seinem Tode in die ethnographische Sammlung des Missions-
hauses zu Basel, während sein Werk in Calw selbst durch den
Dr. phil. H. Gundert fortgesetzt wird, welchen er sich im J.
1860 als Mitarbeiter zugesellt hatte.

Anhang: Weitere Stiftungen.*)

Nach den öffentlichen Rechnungen wurden, abgesehen von den bereits S. 48 ff. erwähnten Stiftungen, noch weiter folgende derzeit noch bestehende Stiftungen gemacht, deren Zinsertrag in beigesetzter Weise zu verwenden ist:

1) Für Arme.

1. Im J. 1704 von Christoph Mayer, Bürgermeister in Calw: 100 Gulden für arme Verwandte.
2. Am 26. Oktober 1767 von dem in Stuttgart verstorbenen Dr. med. Johann Andreas Planer, gewesenem Landphysikus in Calw: nach kinderlosem Absterben seiner beiden Schwestern sollte sein Nachlaß als eine Stiftung verwaltet werden, von welcher der Ertrag studierenden Verwandten und weiblichen Verwandten, welche sich verheirateten, in bestimmten Gaben zukommen, der Mehrbetrag aber je hälftig an würdige Hausarme der Städte Stuttgart und Calw verteilt werden sollte. Auf die Stadt Calw fallen jährlich 200 bis 400 Mark.
3. Im J. 1782 von Georg Christoph und Johann Ludwig Schauber: 6000 Gulden, ein Kapital, welches jetzt auf 20,560 Mark angewachsen ist.
4. Im J. 1791 von Georg Noa Rank, Bäcker in Calw: 150 Gulden. Der Ertrag ist in Brot an arme Verwandte zu verteilen.
5. Im J. 1823 von der Witwe des Apothekers Karl Gaupp, Heinrike geb. Groß in Calw: 600 Gulden. Der Ertrag ist auf eine gemütskranke Person zu verwenden.
6. Im J. 1824 von der Witwe des Rotgerbers Jakob Christoph Schiele Anna Marie geb. Bohnenberger hier: 500 Gulden. Der Zins ist je am 18. Februar an arme Verwandte aus der Naschold-Schiele'schen Familie zu verteilen.
7. Im J. 1825 von der Witwe des Hofmedicus Dr. med. Kaiser in Calw: 200 Gulden. Der Ertrag ist an etwa vorhandene Arme aus der Familie zu verteilen.
8. Im J. 1826 von der Witwe des Pfarrers Hermann in Magstadt: 20 Gulden. Der Zins ist jährlich einem alten gebrechlichen Hausarmen zu übergeben.
9. Im J. 1852 von Katharine Elisabeth Boger, geb. Schober Kauf-

---

*) Von Herrn Stadtschultheiß Haffner.

manns Witwe in Calw: 1000 Gulden. Von dem Zins ist die eine Hälfte zur Unterstützung Armer, welche über 75 Jahre alt sind, die andere für die Gewerbe= und Kleinkinderschule zu verwenden.

10. Im J. 1855 von der Witwe des Johann Michael Fink Elisabeth geb. Zahn in Reutlingen: 500 Gulden. Der Zins soll armen leidenden Mägden der Stadt Calw zukommen.

11. Im J. 1862 von der ledigen Rosine Katharine Efferen dahier: 50 Gulden. Der Zinsertrag ist zu Anschaffung von Holz für Arme zu verwenden.

12. Am 6. April 1864 von Friedrich Federer, Banquier in Stuttgart, in Gemeinschaft mit seiner Gattin Eugenie geb. Grammont zum Andenken an seinen Großvater Christoph Martin Dörtenbach in Calw: 1000 Gulden für Arme.

13. Im J. 1865 von Friedrich Schauber, Kaufmann in Calw: 1000 Gulden zur Anschaffung von Brennmaterialien in der Winter= zeit für arme Einwohner.

14. Am 16. Juli 1866 übergab die hiesige Tuchmachermeisterschaft der Armenpflege von dem Vermögen, welches von dem früheren gemeinsamen Betrieb der Walkmühle herstammte, 2000 Gulden mit der Bestimmung, daß von dem Zinsenertrag unbemittelte Tuch= macher in Krankheitsfällen zu unterstützen seien.

15. Am 22. Mai 1875 von Kommerzienrat Julius Stälin und seiner Gattin Anna geb. Keller hier: 1500 Gulden. Vom Reinertrag sollen ³/₅ zur Verpflegung im Krankenhaus für hiesige Ein= wohner, welche in Krankheitsfällen bei ihren Angehörigen nicht die nötige Verpflegung finden, ¹/₅ zur Verabreichung kräftigender Lebensmittel an Arbeiter aus der Fabrik von J. F. Stälin und Söhne, welche im hiesigen Krankenhause untergebracht sind und sich in der Reconvalescenz befinden, verwendet, ¹/₅ dem Grund= stock zugewiesen werden.

16. Am 29. März 1877 von Dr. med. Emil Schüz hier: 5000 Mark. Von ⁴/₅ des Ertrags des jeweiligen Grundstocks erhalten würdige arme Einwohner der Stadt Calw in der Osterwoche Gaben von je 5 Mark, ¹/₅ ist dem Grundstock zu seiner Vermehrung einzu= verleiben.

17. Im J. 1879 von der Witwe des Geometers Johann Georg Gayer Marie Barbara geb. Schuhmacher hier: 400 Gulden. Der Zins= ertrag ist zu Gaben an Arme zu verwenden.

18. Im J. 1882 von Karl Friedrich Bäßner, Kaufmann in Calw: 770 Mark. Der Ertrag ist hälftig in Geld, hälftig in Holz an Arme zu verteilen.

19. Im J. 1882 von der Witwe des Georg Friedrich Acker Christine Magdalene geb. Volz hier: 500 Gulden. Der Zinsertrag ist all=

jährlich an ihrem Todestag (12. Juni) in Gaben von nicht weniger als 4 Gulden an hiesige Arme zu verteilen.

20. Im J. 1883 von Dr. med. Carl Friedrich Feil in Calw: 200 Mark. Der Zinsertrag ist für arme Kranke zu verwenden.

2) Für Schule.

1. Im J. 1506 von Johannes Wetzel, gewesenem Pfarrer in Calw: 300 Gulden für unbemittelte Theologie Studirende aus der Stadt Calw oder in Ermangelung solcher aus dem Kirchspiel Altburg. Das Kapital ist nunmehr auf 2330 Mark angewachsen.

2. Von Johann Georg Zahn, Compagniebuchhalter hier, † 1749: 500 Gulden. Der Zins ist unter sämtliche hiesige Lehrer zu verteilen.

3. Im J. 1817 von Marie Elisabethe Weiß, lediger Dienstmagd von Althengstett: 50 Gulden. Der Zins ist an hiesige Schülerinnen, welche die Kinderlehre am wenigsten versäumt haben, zu verteilen.

4. Im J. 1823 von Johann Karl Neidhardt, gewesenem Stadtschultheißen hier, später Gerichtsnotar: 100 Gulden. Der Zins ist zu Büchern für arme Kinder zu verwenden.

5. Im J. 1834 von Karl Friedrich Stirner, gewesenem Substituten hier: 100 Gulden. Der Zins ist jährlich den 5 fleißigsten Schulkindern auszubezahlen.

6. Im J. 1845 von der Witwe des Stadtwerkmeisters Melchior Back, Sabine Christiane geb. Speidel: 600 Gulden. Der Zins ist zu Lehrgeldern zu verwenden.

7. Im J. 1861 wurden bei Ablösung der Zünfte von dem Vermögen der verschiedenen Zunftkassen 2944 Mark 63 Pf. mit der Bestimmung gestiftet, daß der Zins für den Zeichenunterricht zu verwenden sei.

8. Am 6. April 1864 von Friedrich Federer, Bankier in Stuttgart, in Gemeinschaft mit seiner Gattin Eugenie geb. Grammont, zum Andenken an seinen Großvater Christoph Martin Dörtenbach in Calw: 500 Gulden für Schulzwecke.

9. Im J. 1874 von der Witwe des Mühlenbesitzers Wilhelm Reichert, Katharine geb. Schuster hier, zum ehrenden Andenken an ihren Mann, der ein großer Kinderfreund war: 500 Gulden. Die Zinsen sind für die Kleinkinderschule zu verwenden.

10. Am 10. März 1875 von Emma Gärtner dahier: 200 Gulden zur Erinnerung an ihren Vater, den Botaniker Karl Friedrich Gärtner. Aus den Zinsen sind alljährlich dem ersten Schüler der lateinischen und der Realschule und der ersten Schülerin der oberen Mädchenvolksschule am Todestag ihres Vaters — 1. September — Prämien in bar Geld zu verteilen.

11. Am 29. März 1877 von Dr. med. Emil Schüz hier: 2000 Mark

zu Bildung eines Fonds für den Schulhausneubau, sowie 2500 Mark, wovon der Ertrag des jeweiligen Grundstocks zu ⁴/₅ zur Ausbildung unbemittelter junger Leute aus der Stadt Calw für den Volksschullehrerstand, für das Kunstgewerbe oder wissenschaft= liche Fächer verwandt werden, zu ¹/₅ aber dem Grundstock zu seiner stetigen Vermehrung zuwachsen soll.

3) Für Kirche.

1. Im J. 1747 von Agnes Katharine Demmler hier: 40 Gulden. Der Zins soll den hiesigen ministris ecclesiae zukommen.
2. Im J. 1757 von Valentin Rühle, Bürgermeister in Calw: 800 Gulden und Marie Sabine, Wittwe des Pfarrers M. Schill in Altburg: 100 Gulden. Der Zins ist für die Kirchenmusik zu verwenden.
3. Im J. 1789 von Johann Jakob Zahn, Compagnieverwandten hier: 100 Gulden. Der Zins soll dem zweiten Lehrer an der Lateinschule mit der Bedingung zukommen, daß er an einem Tage, wo die Schüler ohnedies Religionsunterricht haben, in der letzten Stunde aus dem Gesangbuche oder aus den Psalmen 2 Verse erkläre.
4. Im J. 1817 von Marie Elisabethe Weiß, gewesener lediger Dienst= magd von Althengstett: 100 Gulden. Von dem Zins sollen 15 der ärmsten Schülerinnen, welche sich vorzüglich gut aufgeführt haben, am Maientag eine Belohnung erhalten. Der Mädchen= schulmeister soll die Namen derselben öffentlich ablesen und dann Gott zu Ehren mit der ganzen Versammlung ein Lob= und Dank= lied anstimmen.

4) Für gemeinnützige Zwecke.

1. Am 16. November 1860 von Fabrikant Gustav Seeger hier: 200 Gulden. Der Zinsertrag ist zu Abgabe stärkender Kost an Arbeiter, welche aus der Fabrik von Schill und Wagner sich im Krankenhaus befinden und soweit solche nicht vorhanden sind, an andere Kranke zu verwenden.
2. Im J. 1861 wurde bei Auflösung der Zünfte von den Zünften der Krankenhausverwaltung der Betrag von 1225 Mark 71 Pf. mit der Bestimmung übergeben, daß der Zinsertrag hieraus für Handwerksgehilfen und Lehrlinge, welche sich im Krankenhause befinden, in der Weise verwendet werde, daß denselben in den Tagen der Reconvalescenz kräftigende Speisen und Getränke ver= abreicht werden, soweit dies nicht von der Krankenhausverwaltung geleistet wird.
3. Der am 8. September 1870 verstorbene Kommerzienrat Johann Georg Dörtenbach dahier hat mündlich verordnet, daß von seinem

Nachlaß 25,000 Gulden auszuscheiden und von Familienmitgliedern zu verwalten seien. Von dem Ertrag dieses Kapitals sollen zwei Drittel zunächst zu Verabreichung von Jahresrenten an von dem Stifter benannte Personen, späterhin aber für direkte Nachkommen des Stifters, ein Drittel aber zu Förderung gemeinnütziger, insbesondere gewerblicher Zwecke verwendet werden.

4. Am 22. Mai 1875 von Kommerzienrat Julius Stälin hier und seiner Gattin Anna geb. Keller: 2000 Gulden für Zwecke der Fortbildungsschule und zu Unterstützung unbemittelter junger Leute bei ihrer weiteren Ausbildung.

5. Am 29. März 1877 von Dr. med. Emil Schüz hier: 500 Mark. Der Zins soll dem Krankenpflegeverein zukommen.